日常生活の中の趣

情趣に関する消費の美学

牧野圭子

晃洋書房

はじめに——本書のねらいと構成

昔と今、例えば約三〇年前と今の日常生活を比べると、新しさや便利さを感じさせるものは大きく様変わりしている。インターネットの浸透やコンビニエンス・ストアの普及、宅配サービスの広がりなど、その例は枚挙に暇がない。約三〇年前と今ではなく、江戸時代から明治期へと変わっていくとき、あるいは明治期のうちの約三〇年だったら、特に都市では、変化はなおさら大きかっただろう。実際に当時の変化を体験している作家の永井荷風は、明治四四年＝一九一一年に『銀座』の中で次のように記している。

現代の日本ほど時間の早く経過する国が世界中にあろうか。今過ぎ去ったばかりの昨日《きのう》の事をも全く異《ちが》った時代のように回想しなければならぬ事が沢山にある。有楽座を日本唯一の新しい西洋式の劇場として眺めたのも僅に二、三年間の事に過ぎなかった。われわれが新橋の停車場《ていしゃじょう》を別れの場所、出発の場所として描写するも、また僅々四、五年の事であろう。（永井、一九一一、野口（編）、一九八六、一五七ページ）

しかし、しみじみとした趣の感じられる風景や場面となると、明治期であろうと今であろうと、ここまでの劇的な変化はないように思える。古い風景画や俳句と、近年の風景画や俳句を並べてみても、どちらが昔か、即座にはわからないことが少なくないのではないだろうか。試しに、古くから近年までの様々な短歌や俳句が紹介された新聞コラム集『新　折々のうた9』(大岡、二〇〇七)の中から、二つの俳句を引用してみたい。年代の順番はすぐわかるだろうか。

「家中が昼寝してをり猫までも」(五十嵐播水作)
「秋時雨《あきしぐれ》古書の匂《にほ》ひの神保町《じんぼうちょう》」(沢　ふみ江作)

一句目は、昨今の猫ブームを反映しているかに見える。しかし昭和二四年＝一九四九年の作であり、昭和二八年＝一九五三年発行の句集(『句集　石蕗の花』九九ページ)に収められている。一方、二句目からは一昔前の街並みが思い浮かぶかもしれない。だがこの句は平成一四年＝二〇〇二年の作であり、平成一八年＝二〇〇六年発行の句集(『句集　桜橋』一三五ページ)に収められている。

もちろん、具体的にどのような事物に対して趣があると感じるかに関しては個人差がある。私自身の感じ方には、私が東京都葛飾区で生まれ、商店街の近くで幼少期を過ごしたことが影響を及ぼしている。昭和四〇年代のことである。

当時は、母に連れられて通りに出ると、よく、リヤカー式屋台の「おでん屋さん」が売り歩いており、三角はんぺんや昆布を串に刺して渡してくれた。竿竹販売の車も、呼び声を響かせながらよく走っていた。商店街には、七夕飾りのような飾りが一年中街路灯一本一本につけられており、駅前の映画館には、葛飾柴又を舞台とした映画の大きな看板が掲げられていた。あるときは、家の中に居ながらにして「ちんどん屋さん」が窓の外を通り過ぎて行くのが見えた。ちょうど塀の上の高さのところを時代劇風の大きな頭が通って行ったものだから、インパクトがあった。しかしそのような賑々しい街も、夜は静かだった。夜更けまで眠れずにいた日には、どこからともなくチャルメラが聞こえてきた。どこで誰が鳴らしているのかわからず、なんとも不思議な気持ちがしたものである。

私の商店街イメージの原型は、こうした諸々の事物が合わさってできあがっている。そして私は、そうした商店街の風景に趣があると感じやすい。喧騒もまた心地よい。これに対して、そのような商店街は知らないという人や、知っていても自分には馴染めない、うるさそうで趣どころではない、と思う人もいるだろう。しかし、この感じ方がわかるという人もいるだろう。葛飾区ではないが小さな商店街のそばで育ったからわかるとか、チャルメラの独特な音の感じだけはわかるとか、様々な形での感じ方の共有があり得る。

古くからの工場が立ち並ぶ街（本書カバー写真参照）や昔ながらの路面電車が行き交う通りなどについても同様である。そうした場所で暮らしたことがなくても、多かれ少なかれ、そうした場所の趣はわかるのではないだろうか。文化や時代を超えても、類似の経験や知識があれば、同じような風景に対して、趣があると感じるかもしれない。

本書で目指しているのは、日常生活の中の情趣に関する普遍的な側面の解明である。テーマの性質上、厳密な意味での普遍性を解明するのは不可能と思われるが、情趣を感じるという現象について、個人差や社会・文化による差を超えるような根本的な性質を見つけたいと考えている。

情趣の問題は、これまで、作品の抒情性の問題として文学や美術の分野で論じられたり、土地の風情の問題として紀行文や街の紹介記事で取り上げられたりすることはあったものの、日常生活と直接結びつく形で学術的に論じられるということはほとんどなかったように思える。しかし私は、本来、「消費の美学」（消費者美学）のような、日常生活に目を向ける研究領域で、取り上げられてしかるべきテーマではないかと考えている。この問題については、拙著『消費の美学』（牧野、二〇一五）で若干述べたが、そこでは研究の必要性を指摘するにとどまっていた。本書では、その先を追究していく。

本書は四つの章から成っている。第1章は、消費の美学としての情趣研究とはどのようなものかを論じる章である。この章では、消費の美学の概要について『消費の美学』で述べたことを改めて検討し、情趣研究の位置づけを示す。第2章から第4章までは、情趣経験を生じる要因を検討していく章である。本書では、知覚者側の要因と知覚される事物の要因を取り上げる。第2章は、知覚者側の要因に関する章である。ここでは、どのような人が、あるいは、人はどのような状態のときに、情趣を感じやすいかという問題を取り上げる。第3章と第4章は、知覚される事物の要因に関する章である。第3章では、情趣を感じさせやすい事物のうち、実際に知覚される事物の特徴に関して論じる。まず、「新実験美学」の理論に基づき、情趣経験を説明するための概念モデルを提案する。そしてこのモデルを念頭に置いて様々な情趣経験の説明を試みる。第4章では、情趣を感じさせやすい事物のうち、知覚される事物ではなく想像される事物について論じる。ただし、想像といっても奇想天外な空想の産物や架空の事物を取り上げるわけではない。この章では、実在の事物から派生する空想やメタファー等について論じる。

以上のように本書では、消費の美学の視点から日常的な情趣の問題にアプローチしていくことによって、新たな見方を提示できればと考えている。「消費の美学」は、**消費者行動研究**という分野の中の一つの研究領域であり、「経験」を提供するマーケティングや、芸術を対象とするマーケティングともつながっている。しかし、消費の美学における「消費」は、必ずしも市場での交換を前提とはしていない。本書で言う消費とは、事物を享受すること、鑑賞すること等を指す。

そのため本書は**心理学**および**美学**との結びつきが強い。また、情趣を感じさせる事物の具体例をあげるにあたっては、**美術作品**や**文学作品**にも目を向ける。

その一方で、本書の内容は実生活とも密接に結びついている。したがって、読者層としてはここにあげた分野の研究者や学生だけを想定しているわけではない。専門外の方々にも、少しでも関心を持っていただけたらと願っている。読み方も自由に決めていただけたらと考えている。全体像を論じている第1章をとばして先に第2章以降をお読みいただいても、心理学的な概念モデルを掲げている第3章1節を後回しにしていただいても、あるいは、とりあえず各章の導入部分だけ御覧いただいても、などと思っている。

本書における用語の説明

本論に入る前に、本書において重要な四つのことば、「快楽消費」、「鑑賞」、「感情」、「感性」の意味と表記について、若干の説明をしておきたい。これらは、表記や用法の混乱を招きやすいことばである。なお、「情趣」、「趣」、「もののあはれ」のように、本書の中心テーマとなることばについては、第1章の本論で論じる。

(1) 快楽消費

「快楽消費」とは、"hedonic consumption"《ヘドニック・コンサンプション》の訳である。"hedonistic consumption"《ヘドニスティック・コンサンプション》という語が用いられることもあるが、主義(-ism)や信念に基づく消費を指しているわけではなく、ほぼ同じ語と見ることができる。この語は、消費者行動によって快楽を得ること(様々な快の感情経験をすること)を意味する。日本に紹介した初期の著作としては、石井(一九九三)や西原(一九九四)の著作がある。石井(一九九三)の訳は「快楽的消費」であり、西原(一九九四)の訳は「快楽型消費」であった。その後、拙著(堀内、二〇〇一、二〇〇四)では、「快楽消費」とした。本書でも「快楽消費」と表記する。なお、一九八〇年代に日本のマーケティング実務の世界でよく使われていた「感性消費」は、商品の見た目の良さやその時のフィーリングなどで商品を選択し、買うことを意味しており、「快楽消費」

とは（重なる部分はあるものの）異なる概念である。

（2）鑑賞

「鑑賞」という語は、本来、芸術作品を観たり聴いたりして味わうことを指している。花や木などの自然界のものを愛でる場合は「観賞」となる。しかし、本書が想定している享受の対象には、芸術作品でもなければ花や木でもない様々な事物が含まれている。また、自然界の対象と人工物を一緒に観るということもある。そこで本書では、対象の種類によらず、知覚し、享受することを「鑑賞」と表記する。

（3）感情

感情関連の用語は複数存在している。心理学の領域では、「情動」（emotion）が、一時的な、比較的強い快・不快の意識を指すのに対し、「気分」（mood）はある程度持続する状態を指しており、包括的な概念を表すときは「感情」（affect）を用いるという区別のしかた（荘厳、二〇一三、高橋（晃）、一九九四）がある。[1] 第1章3節で紹介するノーマン（Norman, 2004, 岡本他（訳）、二〇〇四）の著作でも、訳者たちが著者ノーマンと話し合ったうえで、原則として“emotion”を「情動」と訳し、“affect”を「感情」と訳したと記されている。このほか、乾（敏）（二〇一八）は、ダマシオ（Damasio, 1999/ 2000, 田中（訳）、二〇〇三）の考えに基づき、「情動」（emotion）とは、「外的刺激や内的な記憶の想起に伴って

表1　感情関連語の英語・日本語対照表[1]

分野＼英語	emotion	mood	affect	feeling
心理学[2]	情動	気分	感情	情緒 または 感情
美学[3]	情緒	―――	情動[4]	感情
マーケティング[5]	感情 または 情緒	―――	感情 または 情緒	感情 または 情感

注：1）例外も存在するが，表には含めておらず，本文および本文の注で言及する。
2）『最新心理学事典』（荘厳，2013）および『キーワードコレクション　心理学』（高橋（晃），1994）に基づく。
3）『美学辞典』（佐々木（健），1995）に基づく。
4）“affection/affective”の訳語である。
5）『マーケティング・コミュニケーション大辞典』（宣伝会議（編），2006）および『感情マーケティング』（Chaudhuri, 2006，恩蔵他（訳），2007）に基づく。

個体に生じる生理的な反応」（乾（敏）、六ページ）を指しており、「感情」（feeling）は「情動の発生に伴う主観的な意識的体験」（同書、六ページ）を指すと説明している。

しかしこのような訳語のあて方は、分野を超えて共通というわけではない。心理学、美学、マーケティングの分野間で、互いに異なっているのである。表1は、この混乱状態を整理するために作成した感情関連語の英語・日本語対照表である。例外はあるものの、この表に示したように、特に、“emotion”（心理学では「情動」、美学では「情緒」）と“affect”（心理学では「感情」、美学では「情動」）の訳語のあて方は分野によって大きく異なっている[2]。それぞれの分野でそれぞれの訳者がそれぞれの考え方に基づいてこのような訳語をあてていると思われるが、横断的に感情の問題を検討したい場合には不都合である。

そこで本書では、感情経験全般を表す語として「感情」ということばを用いることとする。本書で論じる感情の概念は、生理的指標によって測定されたものではなく、主観的な感じ方を指すため、「感情」という語を用いることは、前述の乾（敏）の定義とも合致する。

（4）感性

「感性」には、分野を超える共通の定義は存在しないと思われる。本書では、感性を「知覚した事物に対して感情反応と価値認識の両方を生じる働き」（牧野、二〇一五、三六ページ）ととらえる。そして、感情については広義の快の感情を取り上げ、価値認識については正の精神的価値の認識を取り上げる。

英語との対応関係も分野によって異なっている。感性工学の分野で「感性」ということばを英文で表すときは、“kansei”と記されている。一方、美学の分野では、“aesthetic”は「美的」と訳されることが多いが（「審美的」や「美感的」という訳も存在する）、これを「感性的」と訳す立場（例えば、津上、二〇一〇）もある。「感性的」とする立場は、美学がもともと「感性的認識の学」という意味であったことから生じている。拙著（牧野、二〇一五）では“aesthetic”を「感性的」としたが、本書でも原則として「感性的」と表記する。

なお、感性に関する文献にあたっていくと、「感受性」という意味での「感性」は明治期以降の訳語であると書いてあるものや、「感性」という日本語は「感情」の意味で用いられていたと書いてあるものを見かけることがあるが、これらはもう少し説明を要する（詳細は、牧野、二〇一五）。

実際には、「**感性**」という語は古くから日本に存在している（詳細は、牧野、二〇一五）。「**感性**」という日本語（漢字および読み仮名）を遡っていくと、貞享四年＝一六八七年の浮世草子（西鶴学会（編）、一九六八）で使われていることがわかる。気持ちを歌に託することについて、心もやわらぎ、「感性する」と書かれている。動詞として使われてはいるが、意味は現代の「感性」の意味に近いと考えられる。また、「**感情**《かんせい》」（漢字は「感情」だが、読み仮名は「カムセイ」である）という語は、遠く平安時代末期の辞書『色葉字類抄《いろはじるいしょう》』（前田育徳会（編刊）、一九八四）[3]まで遡ることができる。「感」に続く字は「情」だが、現代の「感情《かんじょう》」とは幾分異なり、「感動する気持」を表すことが多かったということである（日本大辞典刊行会（編）、一九七三）。また、連歌論においては、「感情《かんせい》」は、喜怒哀楽などの心情を指すのではなく、しみじみとした情感などを指していたという指摘（永田、二〇〇六）がある。したがって、こちらもまた現代の「感性《かんせい》」に近いと考えられる。

注

（1）心理学用語としての「感情」と「情動」の違いについては、ここにあげた説明が全てというわけではなく、他の説明もある。

（2）例外は存在する。美学の分野でも、ステッカーによる著作の邦訳（Stecker, 2010, 森（訳）、二〇一三）では、“emotion”が「情動」、“affect”が「感情」となっており、心理学における訳し方と一致している。ただし、心理学の分野でも、バートレットによる著作の邦訳（Bartlett, 1932, 宇津木・辻（訳）、一九八三）では、“affective”は「情緒的」となっている。

（3）『色葉字類抄』には二巻本と三巻本があり、「感情《カムセイ》」が載っているのは三巻本の巻上、「一〇八オ」（一〇八オモテ）ページである（牧野、二〇一五）。

日常生活の中の趣　情趣に関する消費の美学　目次

第１章

情趣に関する「消費の美学」の全体像

美しい環境にいないと具合が悪くなる人がいる？ （詳しくは４ページ）

消費者行動研究という学問の中に、「消費の美学」（「消費者美学」とも言う）という研究領域がある。(1) この本では、は消費の美学の視点から、日常生活の中の情趣の問題にアプローチしていく。しかし、そもそも消費者行動ということば自体、広く知られているわけではないだろう。

そこでこの章では、まず、**消費者行動と「消費の美学」**（1節）とは何を指すのかを述べたうえで、消費者行動研究の中の消費の美学の位置づけを示す。続く2節では、**「情趣」の意味とその普遍性**についてて論じる。ここでは、情趣との結びつきの強い「もののあはれ」の概念についても検討する。そして3節では、**日常生活に着目するということ**について論じる。

1節　消費者行動と「消費の美学」

(1) 消費者行動とは

消費者行動研究とは、個々の消費者の商品認知や商品選択等について研究する学問である。一九五〇年代にアメリカで、商品を購入する動機を明らかにするための研究が行われるようになり、一九六九年にマーケティング研究の分野から枝分かれする形で誕生した(Sheth, Gardner, & Garnett, 1988)。一九五〇年代以前にも広告の記憶実験などは行われていたが、その時点ではまだ一つの学問領域として確立されていなかった(牧野、二〇一五、杉本、二〇一二)。

ここで問題になるのは、「消費者行動」という語の定義である。調査報告書やニュースなどで使われる「消費動向」や「消費者マインド」などと同じようにとらえるなら、買い物や貯蓄の行動を指すように思える(堀内、二〇〇四)。しかし、消費者行動研究の分野においては、買い物行動自体をテーマとする研究はむしろ少ない。

消費者行動研究における「消費者行動」とは何か。消費の美学の提唱者の一人であるホルブルック(Holbrook, 1987, 1995, 本節で後述)は、消費者行動の基盤にあるのは、価値を提供するものを獲得・使用・処分することであると論じている。ホルブルックの考える価値あるものの獲得や使用とは、**目標**

が達成されることや、欲求が満たされることを意味している。そこで拙著（牧野、二〇一五）では、欲求の概念を中心とした定義を示した。すなわち、「消費者行動とは、商品・サービス等を獲得、消費、処分することによって欲求を満たす活動である。」（六ページ）とした。本書もこの定義を用いる。

消費者の欲求には様々なものがあるが、消費者行動研究の分野では、心理学者マズロー（Maslow, 1954/ 1987）の欲求階層説（「動機づけの理論」）が用いられることが多い。欲求階層説は、個々人の基本的な欲求を、最下層の「生理的欲求」から最上部の「自己実現欲求」までの五つの階層で示し、下層の欲求がある程度満たされると上位の欲求が生じるとする説である。しかしマズローは、これらの階層に並べられない欲求として、**知る欲求・理解する欲求**と、**感性的欲求**（aesthetic needs）[2]があることも指摘していた[3]。感性的欲求についてマズローは、他の欲求と比べてよくわかっていないが、無視するわけにはいかないと論じている。というのもマズローは、臨床―人格学を基盤とする研究から[4]、醜悪な環境にいると病気になり、美しい環境によって治る人が存在することを確信していたからであるとマズローは論じている。本書では、マズローがこのように特別視していた美に対する欲求に限らず、もの悲しさを感じることや優雅であると感じることを求める気持ちなども「感性的欲求」としてとらえ、この欲求に着目する。

それでは、消費者の欲求は何によって満たされるのだろうか。かつての消費者行動研究では、市場で交換された商品やサービスに着目してきた。しかし昨今は消費の対象をかなり広くとらえる考え方

（第1章扉挿絵）。しかもこうした美への強い欲求の存在が、文化や年齢によらないことを示す根拠もあ

もある。消費の対象となるものは、広義では、市場で交換されるものに限らない。手作りのケーキでも、図書館で借りてきた本でも、自宅で観るプロ野球でも、コンサートホールで聴く音楽でもよい。

本書で取り上げる消費者行動は、主として**享受**や**鑑賞**ということばに置き換えられるものである。これは、デューイ（本章3節参照）の言う消費の概念に近い。というのも、デューイ（Dewey, 1934/2005, Dewey, 1934, 栗田（訳）、二〇一〇）は、鑑賞したり知覚したり享受したりする経験を感性的経験ととらえ、感性的ということばは消費者の視点に立つことばであると論じているからである。また本書では、先行研究に従い、享受したり鑑賞したりする対象には、目の前に存在する事物だけでなく、記憶として蓄えられている事物や想像の産物も含める。[5]

（2）消費の美学とは

消費の美学とは、ひとことで言うならば、**「感性的欲求を満たすための消費者行動に関する研究」**のことである。もっともこれは、消費者の欲求に着目した場合に示すことのできる定義である。以下では消費の美学の誕生時点まで立ち返り、消費の美学の考え方と特徴について述べる。

消費の美学の定義と誕生の背景

消費の美学の主な創始者は、アメリカのホルブルックという消費者行動研究者である。ホルブルック（Holbrook, 1980）は、消費の美学について、「メディア、エンターテイメント、芸術に対する、購買者の、認知反応、感情反応、行動反応に関する研究として定義できるだろう」(p. 104, 傍線箇所は原文通り)と述べている。そして、感性的経験は、対象自体が役立つかどうかは抜きにして、その対象に注意を向けたり、その対象を知覚したり鑑賞したりすることを含んでいると述べ、この考え方については、感性的経験を研究する哲学者の間でコンセンサスが得られているように見えると論じている。では、消費の美学はどのような研究の流れの中で生まれてきたのだろうか。

消費者行動研究は、一つの学問分野として確立されてから後は、科学的指向性の強い学問になっていった。特に、一九七〇年代の終わり頃からは、認知科学研究の成果を積極的に取り入れ、「問題解決・情報処理」の枠組みで消費者行動を説明することが盛んに試みられるようになっていった(消費者行動研究の歴史については、杉本、二〇一二など)。この枠組みのもとでは、消費者の欲求発生を問題の発生としてとらえ、問題解決に向けて情報収集、情報処理、選択肢の評価、意思決定が行われるという流れを想定して、消費者行動が説明される。こうした流れを想定することによって、消費者行動の様々な側面を説明できるようになった。しかし、早くも一九八〇年代初頭には、問題解決・情報処理の枠組みに対する異論が出された。以下では、新たな研究枠組みの出現の経緯と、問題解決・情報処理の枠組みとの関係を概観する。

消費経験と快楽消費

ホルブルックとハーシュマン(Hirschman & Holbrook, 1982 ; Holbrook & Hirschman, 1982)は、芸術鑑

賞やレジャーやスポーツ活動を例にあげ、こうした行動も消費者行動に他ならないのに、問題解決・情報処理の枠組みでは充分説明できないと指摘した。これらの行動は、何らかの問題解決のための手段として行われるのではなく、**行動あるいは経験すること自体が目的**となっている。彼らは、この主張を出発点として、消費者の経験（消費経験）を研究対象の中心に据える「消費経験論」を掲げた（詳細については、石井、一九九三、堀内、二〇〇一、二〇〇四）。

ホルブルックとハーシュマン（Holbrook & Hirschman, 1982）は、消費者行動の様々な側面について、消費経験論のとらえ方を、問題解決・情報処理のとらえ方と対比させて提示した（詳細は、堀内、二〇〇四）。例えば、商品に関しては、問題解決・情報処理のとらえ方では主として消費財とサービスを取り上げるが、消費経験論のとらえ方では、主としてエンターテイメントや芸術やレジャーを取り上げる。その際、どのような内容かということではなく、不確かさや複雑さなどの、構造上の特性に目を向ける。また消費者のリソースに関しては、問題解決・情報処理のとらえ方では金銭に焦点を合わせるが、消費経験論の枠組みでは自由時間の割り当てを重視する。消費者が取り組む課題に関しては、問題解決・情報処理のとらえ方では問題を解決することを念頭に置いているが、消費経験論のとらえ方では快楽反応（hedonic response）をすることを重視する。消費者の行動に関しては、問題解決・情報処理のとらえ方では選択や購買に焦点を合わせるが、消費経験論のとらえ方では主として使用や消費経験や活動に焦点を合わせる。

ハーシュマンとホルブルック（Hirschman & Holbrook, 1982）は、「消費経験論」の提唱とほぼ同じ時に「快楽消費」（hedonic consumption）の概念も掲げた。**快楽消費とは、快の感情経験をすることが目的となるような消費経験**を指す。ホルブルック、ハーシュマンの言う芸術鑑賞やスポーツ観戦はまさにこれに該当する。ホルブルックとハーシュマンの考え方をふまえれば、日常生活の中で自ら進んで行っていることのうち、有用性が感じられない行動は、快楽消費である可能性が高いと言えるだろう。

もっとも、快楽消費の考え方は突如として現れたわけではない。消費経験論・快楽消費研究の誕生に先立つ研究として、ホルブルックとフーバー（e. g., Holbrook & Huber, 1979）はジャズ鑑賞に関する消費の美学研究を行っていた。昨今の快楽消費研究には嗜好品の摂取を扱ったものが多いように見受けられるが、快楽消費研究の出発点は作品鑑賞の研究だったのである。これに続いて、消費の美学を提唱する前述の研究（Holbrook, 1980）が発表され、その後、消費経験論ならびに快楽消費研究が掲げられた。こうした経緯をふまえると、まず消費の美学の必要性が認識され、そこから消費経験論と快楽消費研究が誕生したと見ることもできる。

快楽消費の分類の試み——感覚依存型・感性型・課題遂行型

ホルブルックは、「快楽消費研究」と「消費の美学」を明確に分けていないが、概念的には両者を分けるとよいように思える。快楽消費研究は消費者の快の感情経験全般に関する研究であるのに対し、消費の美学は、消費者の感性的経験に関する研究だからである。

快楽消費研究と消費の美学の区別についてはチャーターズ（Charters, 2006）も指摘しており、**「感性的」**（aesthetic）という語（「本書における用語の説明」参照）と、**「快楽の」**（hedonic）という語は、同一ではないと論じている。チャーターズは、消費者の感性的価値に関するワグナー（Wagner, 1999）の論考をふまえ、消費者の感性的反応は、認知的要素、感情的要素、感覚的要素を含むと述べている。[6]これに対して、快楽消費は本質的に快楽に関わるものであるという。チャーターズは、例えば、愛読書を読む快楽は認知的要素を含んでおり、感性的反応だが、バンジージャンプをする快楽は認知的要素をほとんど含んでいないと指摘している。そしてチャーターズは、快楽消費の中には感性的でないものも存在すると論じている。

感性的な経験を他の快楽経験と区別する考え方は、消費者行動研究以外の学問分野でも示されている。美学における哲学的感性論では、カント（Kant, 1790, 篠田（訳）、一九六四）が『判断力批判』において、快適の概念と美の概念を区別したことが古くから知られている。カントの言う快適とは感覚的満足を意味し、主観に基づいているが、美の判断は普遍性を持っている。デューイ（Dewey, 1934, 栗田（訳）、二〇一〇）もまた、「かりそめの快楽」（一七ページ）と、「幸福と喜び」（同ページ）は別物であると論じた。デューイによれば、前者は刺激に対する接触から生じるが、後者は「存在の深みに達する充足感」（同ページ）によって生じるということである。

哲学的感性論に対抗する形で一八世紀後半に実験美学（第3章1節参照）を掲げたフェヒナー（Fechner, 1876/ 1897/ 2013）もまた、この点については同様の考え方を持っていたと思われる。というのも、フェヒナーは、「美しい」ということを、美学と芸術鑑賞における狭義の「美しい」と、広い意味での「美しい」に分けたうえで、狭義の「美しい」は、単なる感覚的な快より高次であると論じているからである。

本書でも、感性的な快楽消費を他の快楽消費とは別のものとして扱うこととする。しかし、この二カテゴリーのみにすると、ゲームやエンターテイメントに興じるような消費経験と芸術鑑賞は同じカテゴリーに属することになる。この括り方は妥当だろうか。認知的要素が含まれているという点では共通しているが、認知的要素の性質が異なっていると考えられる。

マレーとベルマン（Murray & Bellman, 2007）は、ゲームを楽しもうとするとき、消費者はより効率よくゲームをしようとすると指摘している。彼らは、ゲームをするという消費者行動においては、時間をかけることが楽しんでいることの指標になるわけではないと指摘した。上達してくればより短時間で終了するのであり、そのことはゲームの楽しさを増すと彼らは考えた。このことから彼らは、快楽消費と問題解決・情報処理（マレーとベルマンによれば、「功利的課題」を遂行すること）は、つながっていると述べている。

彼らの研究成果をふまえると、ゲームを楽しむことは、問題解決・情報処理の枠組みで説明される消費者行動に近い側面を持つ快楽消費と言える。課題遂行の要素を含むかどうかは、脳の活動においても違いを生じていると考えられる（第4章2節参照）。

そこで本書ではこれを快楽消費の第三のカテゴリーと考え、次の三分類を掲げる（表1-1）。

表1－1　心理的構成要素の違いによる快楽消費の三分類

心理的構成要素		感覚依存型快楽消費	感性型快楽消費	課題遂行型快楽消費
刺激の知覚		○	○	○
快の感情反応		○	○	○
認知反応	正の価値認識	×	○	×
	課題遂行を目指す意図	×	×	○
例		暑い日にそよ風が吹いてきて、心地よいと感じる	小鳥のさえずりに耳を傾けて、かわいらしいと感じる	難易度の高いジグゾーパズルに挑戦して、楽しいと感じる

第一は、知覚した事物に対して認知反応をほとんど伴わない快の感情反応が生じるような経験である。本書ではこれを**「感覚依存型快楽消費」**と呼び、この時に生じる感情反応を**「感覚依存型快楽」**と呼ぶ。感覚器官による刺激の知覚と快の感情反応は他の快楽消費にも必要だが、このカテゴリーに属する経験は、これらを主要な構成要素としている。暑い日にそよ風が吹いてきて、心地よいと感じるといった経験は、感覚依存型快楽消費に属する。

第二は、知覚した事物に対して快の感情反応と正の価値認識が生じるような経験である。本書ではこれを**「感性型快楽消費」**と呼び、この時に生じる感情反応を**「感性型快楽」**と呼ぶ[7]。ここで言う正の価値認識とは、精神的に深められることや精神的満足を指しており、懐かしさ、温もり、哀愁などを感じることを指す。小鳥のさえずりに耳を傾けて、かわいらしいと感じるといった経験は、感性型快楽消費に属する。本書のテーマである**情趣を感じること**も、感性型快楽消費に属する。

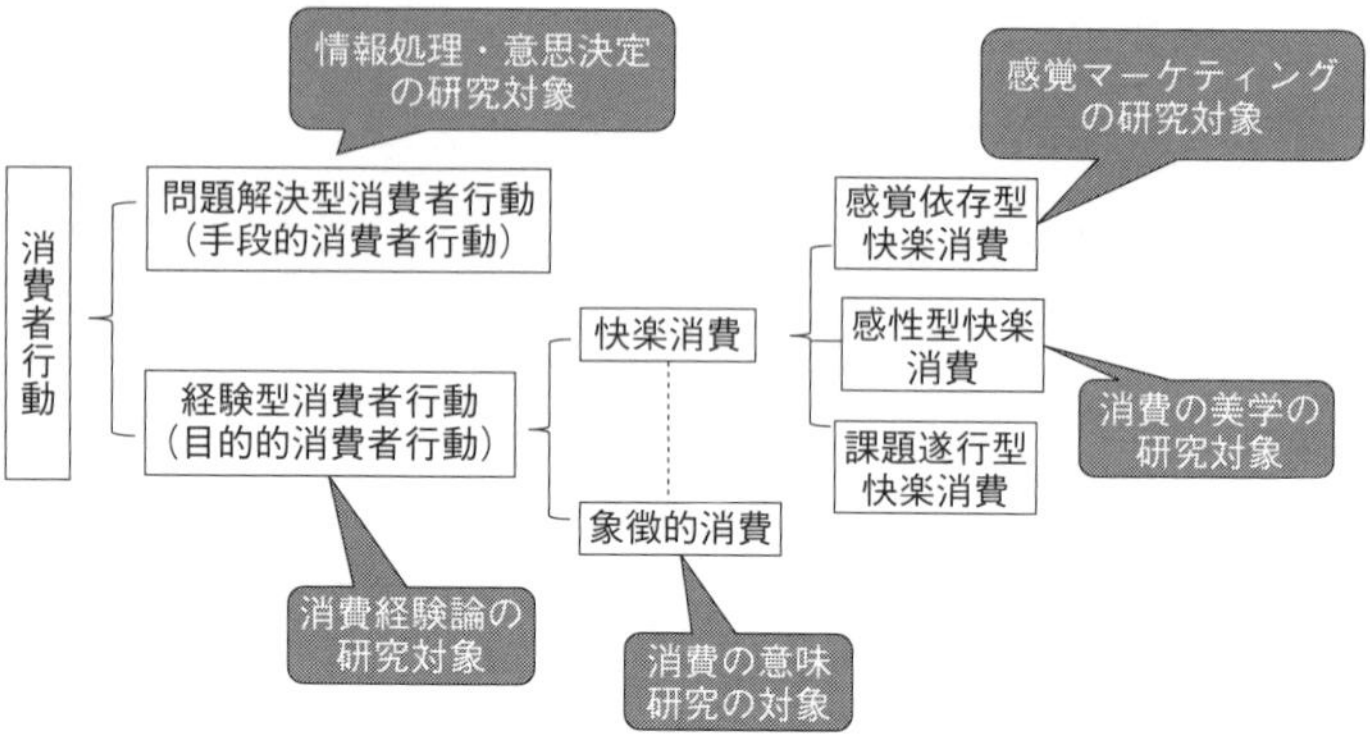

図1－1　消費者行動の分類

第三は、知覚した事物に対して快の感情反応が生じるだけでなく、その事物が課題としてとらえられるような経験である。本書ではこれを**「課題遂行型快楽消費」**と呼び、この時に生じる感情反応を**「課題遂行型快楽」**と呼ぶ。難易度の高いジグソーパズルに挑戦して、楽しいと感じるといった経験は、課題遂行型快楽消費に属する。

実際にはこれらの分類では不充分かもしれない(8)。しかし、概念の整理をするにあたってはこの三分類を念頭に置くのが便利ではないかと思われる。

消費の美学の位置づけと基本的な考え方

前述の考えのもとに消費者行動を分類すると、図1－1のようになる。まず、消費者行動は、手段的か目的的かの観点から、問題解決型消費者行動と経験型消費者行動に分けられる。問題解決型消費者行動は消費者の情報処理・意思決定の研究対象となり、経験型消費者行動は消費経験論の研究対象となる。

経験型消費者行動は、快楽消費と象徴的消費に分けられる（牧野、二〇一五）。快楽消費というのは、前述の通り、快楽を得ることを目的とした消費者行動である。言い換えるなら、消費によって広い意味での快の感情経験をすることである。象徴的消費というのは、商品や消費行為の文化的な意味や個人的な意味が重要な消費者行動である。もっとも、象徴的消費は快楽消費と重なる部分もある。商品や消費の象徴的な意味が消費者に快楽をもたらす場合があるからである。したがって、図1−1では点線で両者の潜在的なつながりを示した。

快楽消費は、感覚依存型快楽消費と感性型快楽消費と課題遂行型快楽消費に分かれる。このうち感覚依存型快楽消費は感覚マーケティングの研究対象にもなっている。一方、感性型快楽消費は、消費の美学の研究対象である。課題遂行型快楽消費に関しては、これだけを対象とする研究領域はないと思われるが、ゲームを楽しむことやレジャー活動等については、快楽消費研究の名のもとに研究（e.g., Holbrook et al., 1984）が行われている。

なお、図1−1では、感性型快楽消費は快楽消費に含まれているため、これを研究対象とする消費の美学は小さな研究領域に見えるかもしれない。しかし、他領域とのつながりを考えると、そうとは言えなくなる。

図1−2は、拙著（牧野、二〇一五）で示した関係図を再検討し、改変した図である。心理学（特に認知心理学）とマーケティングは消費者行動研究全体とつながっており、経験価値マーケティングは消費経験論全体とつながると考えられるが、他の領域との関係はどうだろうか。心理学における新実験

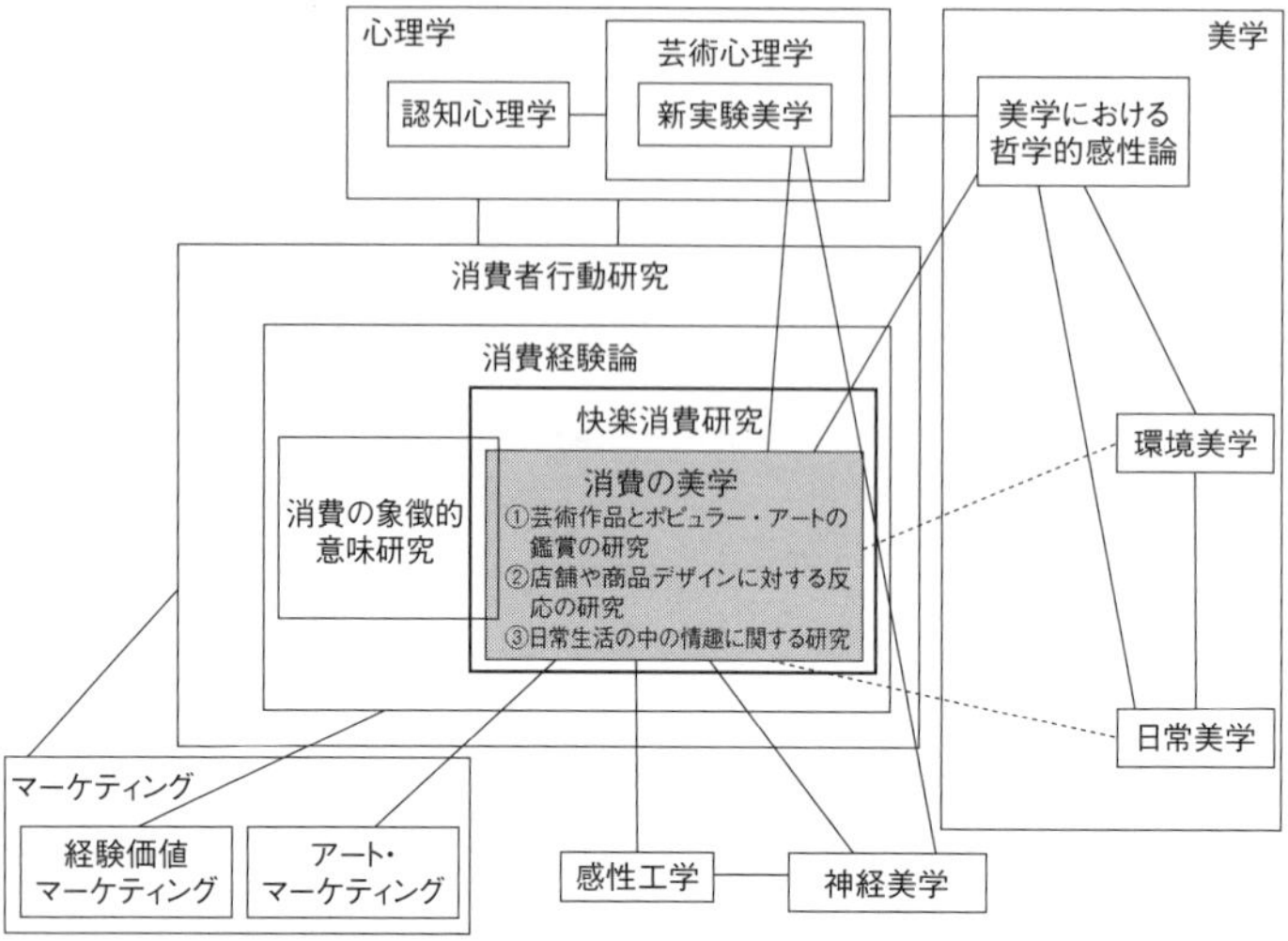

図1－2　消費の美学と他領域との関係（点線は潜在的な結びつきを示す）
（牧野，2015，『消費の美学』p. 57，図3－1を改変）

美学（第3章1節参照）と美学における哲学的感性論は、消費の美学と関心を共有している。これらのうち、新実験美学は、心理学の領域では芸術心理学（創造の心理に関する研究等を含む）の中の一つの領域として位置づけられることが多いが、消費の美学においては、芸術心理学全般ではなく、専ら新実験美学の考え方が取り上げられているようである。しかし、新実験美学も哲学的感性論も、消費の美学を除く快楽消費研究とはほとんど接点がない。美学領域で近年研究が増えてきている環境美学と日常美学も、現時点では消費の美学研究の中ではめったに引用されないが[9]、潜在的にはつながっている。このほか、アート・マーケティング、感性工学、神経美学[10]も、消費の美学とはつながっているが、快楽消費研究全般とつながっているとは言い難い。このように、消費の美学は他の様々な研究領域に対して開かれている。狭いようでありながら、実は広い研究領域と言えるだろう。

（3）消費の美学の研究対象

消費の美学の領域では、様々な事物が研究対象になり得る。拙著（牧野、二〇一五）[11]では、消費の美学の研究を、研究対象の観点から三つのカテゴリーに分類した（図1-2）。第一カテゴリー（図1-2①）は芸術作品とポピュラー・アートの鑑賞に関する研究であり、第二カテゴリー（図1-2②）は商品・店舗の感性的側面に対する反応の研究であり、第三カテゴリー（図1-2③）は日常生活の中の情趣に関する研究である。

このうち、第一カテゴリーはホルブルックとハーシュマンが消費経験論を唱えたときから掲げていた研究対象である。第二カテゴリーについては様々な実験研究が行われてきた。このカテゴリーに属する研究は、感性工学やデザインの研究とも大いに関係がある。第三カテゴリーについては、拙著（二〇一五）で述べた通り、これまでにほとんど研究が行われていない。

そこで、日常生活の中の情趣研究の性質についてもう少し考えてみたい。知覚対象という点からとらえると、芸術鑑賞に関する研究の対象も、商品デザインに対する反応の研究の対象も、物として存在している。しかし、日常生活の中で情趣を感じる対象は、特定の物であるとは限らず、むしろ情景であることが多いと思われる。

認知心理学の分野では、以前から「情景知覚」(scene perception)の研究が進められている。新美(二〇一六)によれば、情景知覚は個々のオブジェクト(対象)の知覚に分解できないことが明らかにされているということである。[12] そして新美は、情景知覚においてはオブジェクトの組み合わせだけでなく位置関係も重要であることや、情景知覚が速く容易に行われることをその理由としてあげている。情景に含まれるオブジェクト一つ一つの認識を統合しているとしたら相当な時間を要するはずだが、そうなってはいないということである。また、情景知覚においては、かなりぼかした写真など、荒い視覚情報を提示するだけでも、要約的情報は把握されるという。

そうであれば、主な知覚対象が芸術作品的な側面を持っているか否かということだけでなく、物か情景かという点でも、日常生活における情趣の研究は、他の消費の美学研究と異なっていると言える。

情景知覚の研究領域では、今のところ、視覚に関する研究が進んでいるようである。また、情景を鑑賞することより、情景を理解することに関する研究が多いようである。情景を写した写真の記憶実験では、そこに収められていない事物までをも再生してしまう「境界拡張(boundary extension)」の現象の存在が指摘されているが、この現象に関する研究も、記憶の正しさに関する研究であり、情景を味わうことに関する研究ではない。こうしたことからも、日常生活の中の情趣は、現時点では未開拓の研究テーマと言えるだろう。

2節　「情趣」の意味とその普遍性

(1)「情趣」の意味

「情趣」は、本書の核となる概念である。ここでは、「もののあはれ」に基づいてこの概念について考える。さらに、「もののあはれ」という語に「もの」という語が付けられていることの意味について、先行研究を紹介しつつ、本書の視点から論じる。

情趣と「もののあはれ」

本書で言うところの趣あるいは情趣とは、感性型快楽（西洋で論じられてきた「美」や「崇高」を含む）の一種であり、広義の「もののあはれ」と同義である（図1-3）。「もののあはれ」ということばは、そもそも心に深く感じること全般を指していた。**哀感**と**静寂**が中心的位置を占めるようになったが（實方、一九六九）[13]、**ほのぼのとしたあたたかさや温もり、のどかさ、懐かしさ（ノスタルジア）**なども含んでいると考えられる。

「はかなさ」も情趣に含まれる。竹内（二〇〇七）は、日本では、「はかなさ」や無常という受けとめ方はいつの時代も思想・心情の根底にあったと指摘している。竹内によれば、今我々が生きている

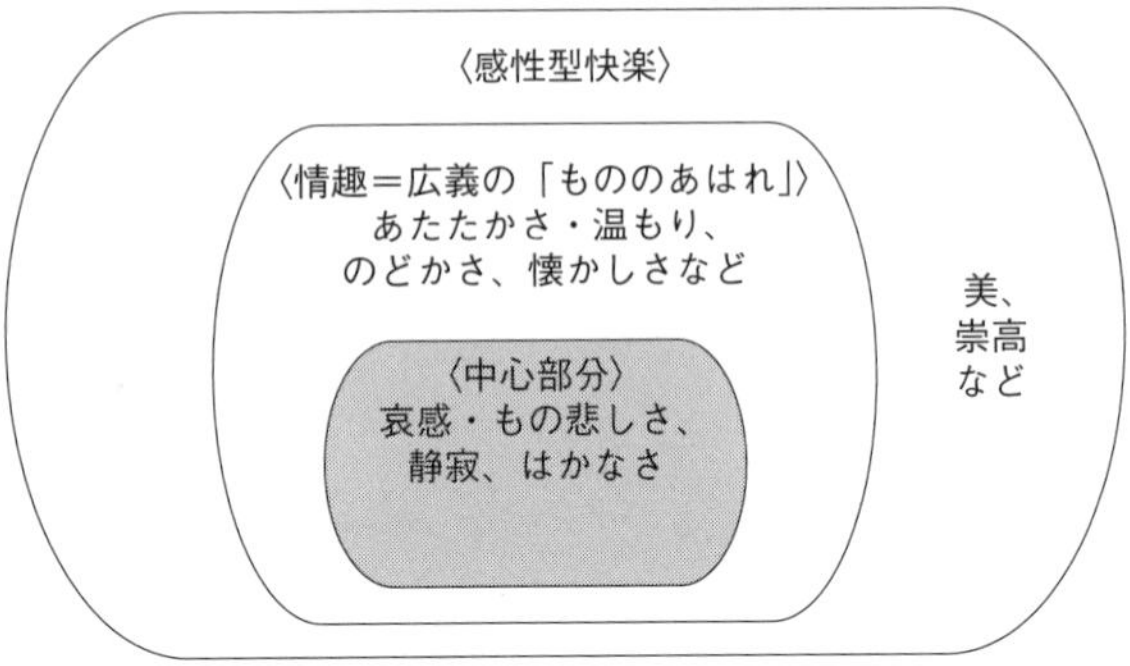

図１－３　感性型快楽における「情趣」の位置づけと意味

この世界は、いつかは無くなる、あるいは、もともと存在しない、浅い夢を見ているような世界なのだという認識が深く沁み込んでいるということである。竹内は、古来の多くの和歌や謡曲等を例にあげてこのことを説明している。

はかなさは、歌に詠まれ、謡曲でも描写されてきたのであるから、美の概念とも結びつきやすいように思える。しかし改めて考えてみると、はかなさは完全でも永遠でもないのだから、西洋的な美の概念とは一致しないと思われる。なぜなら、美学を確立したと言われるバウムガルテン（Baumgarten, 1750/1758, 松尾（訳）、二〇一六）の考え方に従えば、美学の目的は「感性的認識のそれとしての完全性」（三六ページ）であり、「この完全性とは美」（同書）だからである。バウムガルテンの言う「完全性」については、完成へと向かう自律的運動を意味するため、「完成」という語の方が近いとする説（津上、二〇一〇）もあるが、運動の要素を考えるなら、はかなさは「美」とは異なり、完成ではなく消滅に向かっていると言えるかもしれない（第４章３節で詳述）。

草薙（一九七三）は、「もののあはれ」という美意識は「『欠如』の積極的な美的転換」（二三七ページ）から生じると論じているが、この考え方も、完全性という観点からとらえたとき、西洋的な美とは異なることを示唆している。

これらのことから、情趣・趣あるいは「もののあはれ」を感じることとは、**心に深く感じることに加えて、完全・完成ではないからこそ心惹かれるという側面を持っていること**を指すと考えられる。

「もののあはれ」における「もの」と「の」

ここで、「もののあはれ」ということばの構造上の特徴を確認しておきたい。江戸時代の国学者本居宣長（一七三〇―一八〇一）は歌論や『源氏物語』の研究を通して「もののあはれ」[14]について論じたが、宣長の言う「もののあはれ」における「もの」のとらえ方には注意を要する。宣長自身は、「物見、物忌みなどの物であって、ひろく言う際に添える言葉である」（本居（著）、一七九六、西郷（訳）、一九七〇、四〇八ページ）と述べている。しかしこれについて和辻（一九二二／一九六二）は、「もの」を、単に添える語としてではなく、根源的なことばとして解釈している。そして「もののあはれ」とは、「永遠の根源への思慕」（一五〇ページ）の感情であるという。前述の草薙は、「もののあはれ」における「もの」に関する和辻のこの解釈をふまえ、「もの」は普遍的・超越的であると論じている。

「もの」については、国語学においても研究が行われている。古語における「もの」の用法を研究した東辻（一九六二）によると、「もの」は、「実体を意味した段階から、一般化・抽象化へ」と移行し、拡大してきたということである。

さらに東辻は、「もの」の結合のしかたを詳細に分類している。そして、形容詞性の語に結合する場合と、名詞や動詞に結合する場合があること、「もの静か」のように客観的属性を表す語に結合する場合と、「もの悲しい」のように主観的情意を表す語に結合する場合があること、助詞（「の」「ぞ」など）を介する場合と直接結合する場合があることを指摘した。この研究で東辻は、「もの」が形容詞性かつ客観的属性を表す語に結合すると、情緒性や感覚性を帯びてくることや、「の」を介すると結合が弱まり、感情主体に対立する存在として対象が認識されることなどを明らかにしている。

東辻の研究では、「もののあはれ」は、客観的属性を表す名詞である「あはれ」が、「の」を介して「もの」と結合した語のカテゴリーに属している。そのため、知覚対象を知覚者から切り離せると言える。本書の視点からこれをとらえると、知覚者は対象に対して第三者的になることができ（第2章1節で詳述）、普遍的な側面を持つ感性的経験が生じると考えられる[15]。

(2)「もののあはれ」に類する概念の普遍性

「もののあはれ」は、日本固有の概念と思われやすいかもしれない。しかし、これと似たような概念が他の文化圏に全く存在しないかというと、必ずしもそうとは言えない。市川（二〇一七）によれば、中国では、紀元前には見られなかったものの、紀元後は、衰えていく花や葉を美しいと感じる美意識が芽生え、様々な詩に詠まれてきたということである。

では、西洋はどうだろうか。大石（二〇〇三）は、歌や詩に登場する冬の枯野に着目し、この荒涼とした風景が、西洋でも日本でも古くから哀感を表すイメージとして用いられていたと論じている。大石は、西洋では古代ギリシャの時代から牧歌風挽歌（pastoral elegy）が詠われており、その中で冬の枯野が描写されていると論じている。日本では『万葉集』の頃から詠われていたと指摘し、『古今集』に収められている源《みなもとのむねゆき》宗于朝臣の歌「山里は冬ぞさびしさまさりける人めも草もかれぬとおもへば」や、芭蕉の句「旅に病て夢は枯野を駆け廻る」を例としてあげている。大石は、冬の枯野のイメージが西洋と日本では異なっており、西洋でも時代によって様相が異なるということを認めつつも、そのイメージは文学の世界においてユニバーサルであると論じている。

もっとも、大石によれば冬の枯野のイメージは死すべき運命のメタファーになっているということであるから、日常的な情趣より強い哀感や悲愴な気持ちを表している場合が多いかもしれない。

強い哀感以外の観点からとらえてみるとどうだろう。日本の冬に関して言えば、雪景色が情趣や美しさを感じさせやすいようである。例えば、二〇一四年の「よみうり風景写真コンテスト」の入選作品の中に「墨絵の世界」という題名のつけられた写真（二葉昇司氏撮影）があるが（読売新聞社、二〇一四）、これは裏磐梯（福島県）の雪景色がモノトーンに見えることから墨絵にたとえたものであるという。また二〇一七年一一月の福井新聞オンラインには、「雪化粧の刈込池『まるで山水画』」という見出しが掲げられ、山間部の雪景色の画像が表示されていた。(16) 記事には、「モノクロの世界でまるで山水画。絵に描いたように美しい」という写真愛好家のコメントが掲載されていた。どちらの場合においても、山間部の雪景色が絵画のようにとらえられていたことがわかる。

そして、こうした日本の雪景色が醸し出す情趣には、「ピクチャレスク」(picturesque)の概念と重なる部分があるように思われる。[17]「ピクチャレスク」というのは、イギリスで一八世紀末に広まっていた概念である(川崎、一九八八、利光、一九八五)。「ピクチャレスク」の代表的な論者であるギルピン(Guilpin, 1792/ 1808/ 2001)によれば、[18]絵に描かれた時に目を喜ばせるような性質のことであり、[19]主として自然環境における粗い性質(roughness)を指す。しかしその後のプライス(Price, 1794/ 1810/ 2001)の著作では、[20]「ピクチャレスク」の例として廃墟やゴチック建築があげられている。

「ピクチャレスク」はやがてロマン主義へと移行していくが(Burke, 1976, 川崎、一九八八)、バーク(Burke, 1976)によれば、イギリス風景画の世界において、「ピクチャレスク」からロマン主義に至る経路は二つあったという。一つは、ドラマチックで人工的な「壮麗ピクチャレスク」(the grand picturesque)であり、もう一つは、深い詩的な情味(a deeply felt poetic sentiment)のある「小屋あるいは田園ピクチャレスク」(the cottage or rural picturesque)である。これらのうち「小屋あるいは田園ピクチャレスク」は本書で論じる情趣の概念とつながってくるのではないだろうか。

このほか、「抒情的、抒情詩風の」などと訳される「リリック」(lyric)や「リリカル」(lyrical)も、「情趣」にかなり近いことばである。

以上のことから、「もののあはれ」を中心とする情趣の概念は日本だけに通用するとは言えないのであり、情趣の問題について時代や文化を超える視点から検討していくことは可能と思われる。

（3）情趣を感じるという経験の普遍性

何を美しいと思うか、何を優雅であると感じるかなどに関しては、個人差が大きいと考える人が多いかもしれない。前述のチャーターズも、これまでの消費者行動研究では、感性的商品（感性的な要素を持つ商品全般を指す）に対する消費者の評価は主観的で人によって異なるという前提があったと述べている。しかし実際にはそうではないという。チャーターズは、諸研究をふまえ、感性的消費には認知的要素があり（本章1節参照）、感性的商品の評価は準客観的（quasi-objective）であると論じている。特に、その商品の価値についてコンセンサスが得られているときは準客観的であるという。

美学の領域では、小林（二〇一三）が、感性的経験には、「知覚」と「美的経験」の二つの意味合いがあると論じている。このうち「美的経験」は価値的であり、超越論的次元での「反省」であるという。さらに、知覚された対象が日常生活世界のものであっても、「脱文脈化」することにより、純化され、これを超越論的にとらえることが可能になると小林は論じている。

日常生活の中で情趣を感じるという経験についても、同様に考えることができるのではないだろうか。つまり、エッセンスとなる部分を抽出することにより、他の情趣経験と共通する部分が浮かび上がり、普遍的な性質を発見することが可能になるのではないだろうか。

「もののあはれ」について論じた本居宣長の歌論『石上《いそのかみの》私淑言《ささめごと》』（成立時期は一七六三年頃とされる、子安（校注）、二〇〇三）によれば、我々は深く心動かされることがあると、思いに堪えかね、自ずと歌を詠ずるという。

宣長（一七九六）は、「今の人」（宣長にとって最近の人）は古《いにしえ》の人ほど「あはれ」を解していないと述べているが、歌が、「清《コヽロ》の物に感ずるより、よみ出るわざ」（本居（清）、再校訂、五二八ページ）であることは、時代にも身分にもよらず、本来変わらないものであるとも述べている。

では、他の文化圏ではどうだろうか。イギリスの抒情詩人として広く知られているワーズワース（Wordsworth）は、宣長の時代と比較的近い頃に、『抒情歌謡集』第二版（Wordsworth & Coleridge, 1800/1965）の「序文」で、「すぐれた詩はすべて力強い情感がおのずから溢れ出したもの」（宮下（訳）、二三八ページ）と述べていた。このとらえ方は、心に深く感じることがあると自ずと歌になると述べた本居宣長の歌論に通じるところがあるだろう。

現代の生活の中でも、心に深く感じることがあったとき、その思いを何らかの作品づくりに込めたり、音楽や詩などの既存の作品に重ね合わせたりしようとする傾向は、多くの人に見られるのではないだろうか。あるいは、実際に詩を作らないまでも、ちょっと詩人のような気分になったり、この情景を絵にできたらと思ったりしたことのある人は、少なくないのではないだろうか。情趣を感じるという経験やその経験を表出する行為は、普遍的な側面を持っていると思われる。

（4）情趣を感じさせる事物の普遍性

どのような事物に情趣を感じるかは、時代によっても文化によっても異なる。個人差もある。しかし、そうした違いがある中にも、共通点は存在すると思われる。カッコいいと感じられる事物や、おしゃれと感じられる事物であれば、流行の影響を受けやすいと考えられるが、情趣の感じられる事物は、そこまで簡単には変わらないように思える。

若干の例を「はじめに」であげたが、我々は、祖父母の世代がしみじみとした趣があると感じた事物、父母の世代が同様にしみじみと感じた事物を見たり聞いたりしたとき、同じようにしみじみと感じることがあるだろう。後の世代についても同様である。今私たちが情感あふれると感じる風景やもの悲しいと感じる風景を、数十年後の人々がつまらない風景であると感じるとか、見たくない風景であると感じるとかいうことは、考えにくい。

二〇一三年に、サントリー美術館で、『もののあはれ』と日本の美」をテーマとした展示（石田・佐々木（康）・柴橋，二〇一三）があった。古代から近現代までの様々な美術作品、工芸品、着物、歌などが、「新月から有明の月まで」、「移り変わる日本の四季」などのサブテーマごとにまとめられていたが、この展示において、ある時代に特定の事物を描いた作品が集中するということはなかった。古代の人も近現代の人も、同じような事物に思いを馳せ、季節の移ろいをしみじみと味わっていたことがうかがわれる。

情趣があると感じられる事物は、時代を超えるだけでなく、文化も超えることがある。西洋では、風景画の出現は、いくつかの例外を除けば一七世紀半ばまで待たねばならなかった（Clark, 1949/ 1976, 佐々木（英）、二〇〇七）と言われているが、自然環境が鑑賞の対象となってから後は、文化を超えて、同じような風景に対して同じように情趣を感じることがあったと思われる。

例えば、一八世紀後半にフランスからイギリスにもたらされ、人気を博したと言われる見世物（舞台装置のようなもの）がある。この見世物は、フランスから渡英したドゥ・ラウザーバーグ（Philippe Jacques de Loutherbourg, 1740–1812）によって手掛けられ、「エイドフュージコン（Eidophusikon）」という名前で上演された（Burke, 1976）。エイドフュージコンは、光を駆使して様々な風景を創り出す見世物であり、イギリスでは一七八一年に初回上演があった（Burke, 1976）。この装置によって観客に提示された風景は、「ナポリ付近の夕日」、「地中海の上の月光」、「海の嵐と難破船」等であった（Burke, 1976）[21]。ロンドン・ロイヤル・アカデミー・オブ・アーツに所蔵されているチラシ広告（図1-4、一七八二年上演用のチラシ）を見ると、夕暮れの薄明かりや雲の美しい変化を観ることができるといったこ

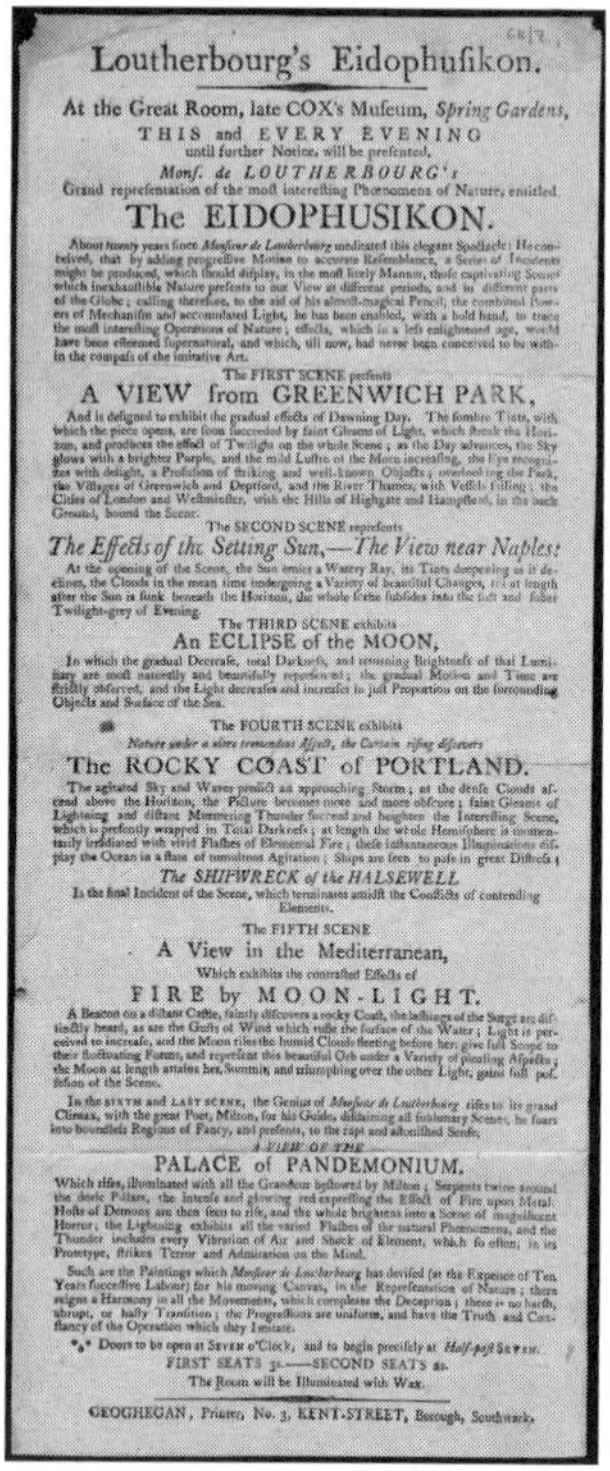

Loutherbourg's Eidophusikon.

At the Great Room, late COX's Museum, *Spring Gardens*,
THIS and EVERY EVENING
until further Notice, will be presented,
Monf. de LOUTHERBOURG's
Grand representation of the most interesting Phœnomena of Nature, entitled

The EIDOPHUSIKON.

About twenty years since *Monsieur de Loutherbourg* meditated this elegant Spectacle: He conceived, that by adding progressive Motion to accurate Resemblance, a Series of Incidents might be produced, which should display, in the most lively Manner, those captivating Scenes which inexhaustible Nature presents to our View at different periods, and in different parts of the Globe; calling therefore, to the aid of his almost-magical Pencil, the combined Powers of Mechanism and accumulated Light, he has been enabled, with a bold hand, to trace the most interesting Operations of Nature; effects, which in a less enlightened age, would have been esteemed supernatural, and which, till now, had never been conceived to be within the compass of the imitative Art.

The FIRST SCENE presents
A VIEW from GREENWICH PARK,
And is designed to exhibit the gradual effects of Dawning Day. The sombre Tints, with which the piece opens, are soon succeeded by faint Gleams of Light, which break the Horizon, and produces the effect of Twilight on the whole Scene; as the Day advances, the Sky glows with a brighter Purple, and the mild Lustre of the Moon increasing, the Eye recognizes with delight, a Profusion of striking and well-known Objects; overlooking the Park, the Villages of Greenwich and Deptford, and the River Thames, with Vessels failing; the Cities of London and Westminster, with the Hills of Highgate and Hampstead, in the back Ground, bound the Scene.

The SECOND SCENE represents
The Effects of the Setting Sun,—The View near Naples:
At the opening of the Scene, the Sun emits a Watery Ray, its Tints deepening as it declines, the Clouds in the mean time undergoing a Variety of beautiful Changes, till at length after the Sun is sunk beneath the Horizon, the whole scene subsides into the soft and sober Twilight-grey of Evening.

The THIRD SCENE exhibits
An ECLIPSE of the MOON,
In which the gradual Decrease, total Darkness, and returning Brightness of that Luminary are most naturally and beautifully represented; the gradual Motion and Time are strictly observed, and the Light decreases and increases in just Proportion on the surrounding Objects and Surface of the Sea.

The FOURTH SCENE exhibits
Nature under a more tremendous Aspect, the Curtain rising discovers
The ROCKY COAST of PORTLAND.
The agitated Sky and Waves predict an approaching Storm; as the dense Clouds ascend above the Horizon, the Picture becomes more and more obscure; faint Gleams of Lightning and distant Muttering Thunder succeed and heighten the Interesting Scene, which is presently wrapped in Total Darkness; at length the whole Hemisphere is momentarily irradiated with vivid Flashes of Elemental Fire; these instantaneous Illuminations display the Ocean in a state of tumultous Agitation; Ships are seen to pass in great Distress;
The SHIPWRECK of the HALSEWELL
Is the final Incident of the Scene, which terminates amidst the Conflicts of contending Elements.

The FIFTH SCENE
A View in the Mediterranean,
Which exhibits the contrasted Effects of
FIRE by MOON-LIGHT.
A Beacon on a distant Castle, faintly discovers a rocky Coast, the lashings of the Surge are distinctly heard, as are the Gusts of Wind which ruffle the surface of the Water; Light is perceived to increase, and the Moon rises the humid Clouds fleeting before her, give full Scope to their fluctuating Forms, and represent this beautiful Orb under a Variety of pleasing Aspects; the Moon at length attains her Summit, and triumphing over the other Light, gains full possession of the Scene.

In the SIXTH and LAST SCENE, the Genius of *Monsieur de Loutherbourg* rises to its grand Climax, with the great Poet, Milton, for his Guide, disdaining all sublunary Scenes, he soars into boundless Regions of Fancy, and presents, to the rapt and astonished Sense,
A VIEW OF THE
PALACE of PANDEMONIUM.
Which rises, illuminated with all the Grandeur bestowed by Milton; Serpents twine around the doric Pillars, the intense and glowing red expressing the Effect of Fire upon Metal. Hosts of Demons are then seen to rise, and the whole brightens into a Scene of magnificent Horror; the Lightning exhibits all the varied Flashes of the natural Phenomena, and the Thunder includes every Vibration of Air and Shock of Element, which so often, in its Prototype, strikes Terror and Admiration on the Mind.

Such are the Paintings which *Monsieur de Loutherbourg* has devised (at the Expence of Ten Years successive Labour) for his moving Canvas, in the Representation of Nature; there reigns a Harmony in all the Movements, which completes the Deception; there is no harsh, abrupt, or hasty Transition; the Progressions are uniform, and have the Truth and Constancy of the Operation which they Imitate.

*** Doors to be open at SEVEN o'Clock, and to begin precisely at *Half-past* SEVEN.
FIRST SEATS 3s.——SECOND SEATS 2s.
The Room will be Illuminated with Wax.

GEOGHEGAN, Printer, No. 3, KENT-STREET, Borough, Southwark.

図1－4　エイドフュージコンの1782年上演時のチラシ（ロンドン・ロイヤル・アカデミー・オブ・アーツ所蔵）

とが書かれており、この作品のセールス・ポイントを確認できる。当時、フランスの人々とイギリスの人々が同じような風景描写に対して同様の情趣を感じていたということも推測できる。またバーク（Burke, 1976）によれば、エイドフュージコンは、一般人もさることながら、当時の風景画家たちに賞賛されたということである。

こうしたことから、情趣を感じさせる事物には、普遍的な側面があると思われる。自分が実際に知覚していない事物に対してであっても、類似の経験や知識があれば、当事者が感じるものに近い情趣を感じることができると思われる。

3節　日常生活に着目するということ

(1) 認知心理学における日常生活への関心

日常生活に目を向けようという動きは、様々な学問分野で見られるようになっている。井上・佐藤(浩)（二〇〇二）によれば、認知心理学の分野では、一九七八年にナイサー（Neisser, 1978）が日常的な記憶の問題に目を向けて以来、日常認知（everyday cognition）を扱った研究が盛んになっているということである。ナイサーは、統制された実験による記憶研究は多くの理論を生み出したが、昨今の（ナイサーが指摘した時点の）記憶理論は日常の記憶とはほとんど関係がないと指摘した。ナイサーは、「一般的な意味での学習」（"learning" in general）などというものが存在しないのと同様に、「一般的な意味での記憶」（"memory" in general）も存在しないだろうと述べ、ごく普通の経験に関する疑問から研究を始めることの重要性を説いた。

ノーマン（Norman, 1988, 野島（訳）、一九九〇、Norman, 2004, 岡本他（訳）、二〇〇四）も、日常的な側面に着目した認知研究を行ってきた。ノーマンの一九八八年の著作では、使い勝手の良い製品デザインが検討されていた。その時点では、情動の問題をどう組み込んだらよいのかがわからなかったという（Norman, 2004, 岡本他（訳）、二〇〇四）。しかし後の二〇〇四年の著作では、情動の問題が前面に出されている。

ノーマン（Norman, 2004, 岡本他（訳）、二〇〇四）は、人間の脳機能には三つのレベルがあると論じた。それらは、本能レベル（自動的で生来的である）、行動レベル（日常の行動の制御）、内省レベル（熟慮する部分であり、探求と解釈が必要になる）である。そしてノーマンは、本能レベルと行動レベルは今の時点だけに関わるが、内省レベルは過去や将来にも関わると考えた。さらにノーマンは、それぞれのレベルで別々のデザインアプローチをとる必要があると論じた。本能レベルでは、見た目、手触り、音等が影響力を持ち、行動レベルでは機能が優先され、内省レベルでは美や格好の良さが重要になるという。ノーマンは、この考えに基づき、それぞれのレベルに合った製品デザインの例を紹介している。

ウイットフィールドとドゥ・ディステファニ（Whifield & de Destefani, 2011）は、ノーマンの考え方や、これに関連する諸研究をふまえて、人間には、家具であれ、庭であれ、都市デザインであれ、カーテンとカーペットの組み合わせであれ、感性的なものにしようとする傾向があると論じた。そして、過去一年以内に自分の家のペンキ塗りをした人四〇人を対象としてインタビュー調査を行った。彼らは、塗り替えようと決めてから塗り終わるまでの期間を三段階に分けて質問をしていった。その結果、どの色のペンキを塗るかは、感情だけで決まる簡単な決定ではなく、認知的な側面、感情的な側面、社会的な側面をよく考えたうえでの複雑な決定であることが示された。

ウイットフィールドとドゥ・ディステファニの研究は欲求研究ではないが、人間には基本的に日常的な事物を感性的なものにしようとする傾向があるという指摘は、感性的欲求を人間の基本的欲求としてとらえたマズローの考え方（本章1節参照）とも合致する。また、ペンキ塗りの意思決定が複雑であるということは、感性的欲求の充足が感覚依存型快楽消費とは異質であること（表1-1）の一つの裏づけとなるだろう。

（2）美学における日常生活への関心

美学の領域においては、主として「日常美学」（everyday aesthetics）の論者たちが、日常生活に関心を向けている。[22] 日常美学は、デューイ（Dewey, 1934/ 2005, Dewey, 1934, 栗田（訳）、二〇一〇）の著作『経験としての芸術』を出発点として発展してきた研究領域である。デューイは、近代以降、芸術が博物館や美術館に置かれるようになり、日常生活から切り離された存在になっていることに対して、芸術の源泉は日常生活にあると論じた。デューイは、そもそも舞踊と無言劇の源泉は宗教的儀式と祭礼にあり、洞窟で暮らしていた人々の住まいは彩色画で飾られていたと指摘した。そしてデューイ（Dewey, 1934/ 2005）は、感性的経験（esthetic experience）と普通の生活過程（normal processes of living）との連続性を取り戻すことが重要であると論じた。

もっとも、日常生活におけるあらゆる活動や経験が感性的経験になるわけではない。デューイは、日常生活の中で生じる経験を、感性的経験（“*an* experience”であり、直訳すれば「一つの経験」だが、感性的経験を意味している）と、感性的とは言えない経験に分けている。拙著（牧野、二〇一五）で紹介したように、デューイによれば、日常生活の中の非感性的経験には、まとまりがなく、正真正銘の開始と締めくくりは存在しない。それに対して感性的経験には、統一性があり、単一の性質がある。だからこそ我々は、「あの食事」、「あの嵐」のように、経験に名前をつけられるのだという。

デューイのこの著作は、日常生活を研究対象とするその後の諸研究に大きな影響を与えてきた。ただし、デューイの考えは、そのまま受け継がれ、発展していったとは言い難い。論争が繰り広げられているのである。

レディ（Leddy, 2005）は、日常美学の発想の源泉はデューイの著作であると述べているものの、日常美学と「環境美学」との重なりに注目している。レディは、その日の天気の良さと空気のさわやかさを満喫したり、季節による植物の変化を鑑賞（観賞）したりすることを例にあげ、これらは日常美学の研究対象であると同時に環境美学の研究対象でもあると論じている。そして、日常美学においても、環境美学の場合と同様に、知覚対象に自らが「参与[23]」しながらそれを鑑賞するということがあると論じている。

またレディは、これより前の論文（Leddy, 1995）において、「（部屋が）きれい・きちんとした」や「清潔な」のような感性的概念を、日常的な表層的な感性的質（aesthetic qualities, 知覚対象が持つ性質のうち、感性的な経験を生じるような性質のことであり、「美的質」とも訳される）であると論じていた。これらの概念は単純だが、「調和のとれた」や「美しい」のような複雑な感性的概念の基盤となるというのが、レディの考えであった。

サイトウ（Saito, 2007）もまた、デューイの著作を引用し、日常生活に目を向けることの重要性を唱えた。だがサイトウは、デューイの考える感性的経験は限定されすぎており、日常生活の中ではなかなか生じないと考えた。サイトウは、着る服を選ぶときや家の色を選ぶとき、庭に花を植えるとき、部屋を掃除するとき等、私たちは日頃様々な場面で感性的な判断をしていると指摘した。さらに、ショッピングモールの風景やコンクリートの歩道に面したオフィスビル街の風景の鑑賞もまた、感性的経験であると指摘している。サイトウはレディの考え方に基本的に賛同しつつも、日常的な感性的質には、レディが想定しているような複雑さに欠けるものばかりではなく複雑なものもあるだろうと論じている。

サイトウは、対象との相互作用から生じる感性的経験もあると論じている。この箇所ではサイトウはレディを参照しているわけではないが、これは、レディが論じた対象への参与の問題と共通していると考えられる。つまり、あくまでも第三者的に事物を鑑賞するというのではなく、知覚対象となるものの中に自らが存在し、働きかけながら感性的経験をするという場合も、サイトウは想定しているのである。

アーヴィン（Irvin, 2008）も、デューイの考える感性的経験は限定され過ぎているととらえている。口の中で舌を前後に動かして滑らかさと粗さを感じることや、マグカップを握りしめて手を温めること、猫を撫でて気持ち良く感じること等は、皆感性的な性質を持っているとアーヴィンは考えた。これらはデューイの考える感性的経験には入らない。

アーヴィンによれば、デューイの考える感性的経験には三つの条件が備わっていなければいけないということである。それらは、統一性、完了、複雑さである。しかしアーヴィンは、日常生活の中には、ここにあげた例のように、こうした条件を満たさない感性的経験が多々あると考えた。

サイトウの説とアーヴィンの説は同じ方向にあるが、ダウリング（Dowling, 2010）は、サイトウの説を、より強い定式化（strong formulation）として紹介している。それは、サイトウの説が、日常生活の中の感性的経験を説明するためには芸術中心の美学の考え方とは別の考え方が必要であるという定式化を示すものだからである。これに対してアーヴィンの説は、芸術中心の美学とは別の考え方の必要性を唱えるものではなく、弱い定式化（weak formulation）であるという。

ダウリング自身は、日常美学を掲げつつも、サイトウやアーヴィンの説に対して懸念を示している。まず、「感性的なもの」（the aesthetics）の概念を広げるとき、核となる部分を失ってしまうと、感性的な価値と快楽（本書における感覚依存型快楽に相当する）の区別が曖昧になり、つまらないものまで感性的とみなされることになる危険があると指摘している。そして、サイトウの説は『何でもあり』のアプローチ」(p. 233) として受け止められかねないと論じている。またアーヴィンは、単純な経験、統一性を欠く経験、充分意識を向けられていない経験も感性的経験の枠から排除すべきではないと論じたが、このことについては慎重に考えなければならないとダウリングは述べている。そして、アーヴィンがあげた例は快楽（前述の通り、ここでは、感覚依存型快楽の経験を指す）であり、感性的経験ではないと指摘している。

ダウリング自身は、日常生活に目を向ける際、カントに従い、快適さと美を区別することが重要であると考えている。ダウリングによれば、美は規範側面（普遍的な側面）を持っている点で、快適さとは異なる。日常美学の研究は、芸術の美学や自然の美学と同様に、標準に従うべきであるとダウリングは考えているのである。

ダウリングは、日常という文脈においても、美学の研究対象となる経験には、芸術経験のような側面がなければならないと考えている。そしてこの考えは、サイトウの考えとは相容れないと論じている。前述のようにサイトウは、日常的な事物について、芸術作品とは決定的に異なると主張しているからである。

ところが今度はダウリングに対する批判が出てきた。それは、メルキオネ (Melchionne, 2011) による以下の二つの反論である。第一は、アーヴィンのあげた一つ一つの例は確かに取るに足らないものだが、それらが寄せ集まったり繰り返されて習慣となったりすると、大きな感性的価値を持つようになるということである。美ではなく快適さをもたらすものであっても，それが日常生活に浸透すれば取るに足らないとは言えなくなるという。第二は，アーヴィンのあげた例は批判的言説（critical discourse）を構築できない（個々人の主観に帰せられるため，規範的側面を示すことができない）が，そのことは一番大きな問題ではないということである。メルキオネは，批判的言説によって，かえって感性的経験に関する理解を損ねたり歪めたりすることさえあり得ると論じている。またメルキオネは，多くの人は，日常的な経験をするときだけでなく，芸術鑑賞をするときでも，本当に感性的価値があるのかどうかをはっきりわかっていないことがしばしばあるだろうとも論じている。

これらのことから，日常美学においては，感性的価値を見出しにくい快適な経験まで感性的経験の範疇に入れるのか入れないのかという点が，論者によって異なっていると言える。日常生活の中の感性的経験を，芸術鑑賞とは根本的に異質であると考えるのか否か，また，日常生活の中の感性的経験に普遍的な規範があると考えるのか否かについても，今のところ考え方が分かれているように見受けられる。

(3) 消費の美学における日常生活への関心

消費者行動研究の分野では，前述のチャーターズ（Charters, 2006）やパトリック（Patrick, 2016）が，日常生活に目を向けることの必要性を指摘している。

チャーターズは，先行研究を引用しつつ，そもそも感性的行動（aesthetic behavior）を日常的な行動から切り離すのは西洋的な考え方であると述べている。これは、デューイの著作とも通じるととらえ方であろう。

チャーターズは、それ以前の諸研究をふまえて、日常生活においては様々な事物に感性的側面があると述べた。そして、消費財（この研究では、市場に出回る商品だけでなく様々な文化的産物を含めている）に関する感性の次元というものを考えている。これによると、消費財には、感性の次元上で低い位置に存在するものから高い位置に存在するものまでがあるということである。この次元上では、高い位置に室内管弦楽団の音楽、次いで高級料理があり、もう少し低い位置にデザイン性の高い車があり、より低い位置にストア・ブランドの洗剤が存在している。

一方パトリックは、「日常消費者美学」（everyday consumer aesthetics）を掲げ、芸術でもなければ自然でもない感性的な鑑賞の対象が日常生活の中にあることを指摘している。パトリックは、サイトウやアーヴィンの日常美学研究を参照し、芸術でも自然でもない物や経験は、消費者行動研究者にとってぴったりの研究対象であると述べている。

パトリックによれば、日常消費者美学研究を概念化する目的は三つある。第一は、芸術と自然から日常生活の中の事物への焦点の移行が、新たな感性的特性とそれらの理論的土台に関する研究を生み出すということをはっきり示すことである。第二は、我々の感性的な生活の中の、一見取るに足らないような側面が影響力を持ち、商品選択や消費者行動全般に影響を及ぼすということを目立たせることである。第三は、マーケティングに携わる人々に対して、消費者の生活の質や生活環境を向上するような商品やサービスのデザインのためのヒントや機会を提供することである。そしてパトリックは、パッケージのデザインの影響や、ロゴの形、ウェブサイトの色等について、諸研究の成果をまとめている。

消費の美学は現在も発展途中であるが、社会に目を向ける方向で裾野を広げているように見受けられる。消費者行動研究協会が発行している学術誌の一つでは、近年誕生した「変革志向消費研究」[24]（社会問題の解決への貢献を考える消費者行動研究）の視点から日常消費者美学を取り上げた特集号を組んでいる。[25]

これらの研究からわかるように、これまでの消費の美学において関心を向けられてきた日常的な経験の多くは、感性的とは言えるものの、「情景知覚」によって情趣を感じるような経験とは異なっている。それらは主として芸術作品的要素を持つ対象に対する反応であり、特に、商品デザインに対する反応であった。また、消費の美学で取り上げる問題が広がってきているものの、社会に目を向ける方向で広がっており、個々の消費者の感性を詳細に検討していくという方向で広がってきているわけではない。そのため、情趣の問題とはつながりにくい。

しかし、先に紹介した日常認知心理学や日常美学の研究を本書の考え方と並べてみると、部分的に共通点が見えてくる。

まず、日常認知心理学におけるナイサーの研究についてはどうだろうか。本書は、日常的な経験の中に普遍的な側面を見出そうとしている。言わば「普遍的個人」の感性的経験を明らかにしようとしている。これに対してナイサーは、「一般的な意味での学習」や「一般的な意味での記憶」は存在しないという。だがこれは、普遍的なものを求めないという意味ではない。統制された実験用の刺激を用いるのではなく現実の事物を用いるべきだということだろう。日常認知研究でも、最終的に明らかにしたいのは、刺激の種類による差や個人差を乗り越えた、普遍的な法則性であろう。この点では、日常認知研究も本書の考え方も変わらないと思われる。

ノーマンの研究にも、本書の考え方と共通する部分がある。ノーマンが掲げた脳機能の三つのレベルは、本書で示した消費者行動の分類（図1-1）に部分的に対応していると思われるからである。つまり、ノーマンが考えた本能のレベルは感覚依存型快楽消費にほぼ対応し、行動のレベルは問題解決型消費者行動にほぼ対応する。内省のレベルに関しては、ノーマンは自己イメージや個人的な満足と結びつけているため、感性型快楽消費と一致するわけではない。しかしノーマンは、情動を各レベルと対応させて論じる際、内省的な情動の例として、静かに夕日を楽しむことをあげている。これは、本書で感性型快楽消費と呼んでいるものに含まれる。

日常美学における諸説についてはどうだろうか。本書では、情趣経験は感性的経験に属するのであり、快適さとは別物と考えている。また本書では、感性的経験を、自らが参与するものとしてではなく、敢えて一歩離れて第三者的に知覚する視点からとらえている。さらに、情趣を感じさせる事物や情趣を感じるという経験の普遍的側面の解明を目指している。したがって本書のとらえ方を日常美学の考え方に当てはめようとするなら、ダウリングの考え方に近いと言える。ただし、日常的な感性的経験を芸術鑑賞に準ずるととらえる点では、本書と一致しない。本書では、情景知覚かオブジェクト知覚かという点に関して、日常的な情趣経験は主として情景知覚に基づくと考えているが、芸術鑑賞は、オブジェクト知覚に基づく場合が多いと思われるからである。

以上のことから、認知心理学研究や美学研究まで視野を広げると、消費の美学研究としての日常生活の中の情趣研究と他の研究との接点が見えてくる。そこで次章以降では、これらの研究領域も念頭に置きつつ、日常生活の中の情趣について具体的に検討していく。

注

（1）原語は、"aesthetics of consumption" および "consumer aesthetics" である。

（2）本書では原則として "aesthetic" を「感性的」と訳すが（「本書における用語の説明」参照）、マズローの言う "aesthetic" は美しいことを指すと考えられる。

（3）マズローが論じたこれらの欲求については拙著（牧野、二〇一五）でも紹介した。ただしマズローは、後の著作（Maslow, 1962/ 1968, 上田（訳）、一九九八）では、人間の欲求を欠乏欲求（欠乏動機）と成長欲求（成長動機）に分け、感性的欲求を成長欲求の中に位置づけている。

（4）原語は "clinical-personological basis" である。

（5）感性的経験に想像の側面を含めることについては、消費者行動研究でも、日常美学（後述）の分野でも、認める論者（それぞれ、Holbrook & Zirlin, 1985；Leddy, 2005）がいる。

（6）ワグナーは、消費者が認識する感性的価値を、内在的（目的的）で、自己指向的であり、反応型（受動的）の価値として位置づけている。ただし本書では、感性的経験の中でも情趣を感じる経験については受動的とは言い難い側面があると考えている。この点については第2章4節で論じる。

(7) 実際には、感覚依存型快楽と感性型快楽は完全に区別できるものではないが、概念上区別することは可能と思われる。

(8) 例えば、テレビゲーム体験中の脳活動を調べた斎藤(恵)他(二〇〇六)の研究では、複雑なプランニングを要する麻雀と、リアルタイムでの応答が必要なカーレースと、条件反射に近いリズムアクションゲームでは、賦活部位に違いがあることが示されている。この結果から、課題遂行型快楽消費はさらに細かく分けられることがわかる。また、課題遂行型快楽消費においても、精神的な深まりや精神的満足を感じることはあるかもしれない。

(9) 例外的には、日常美学研究に言及している消費の美学研究(Patrick, 2016)もある。また、日常美学に限定せず、美学領域の感性論全体に目を向けるならば、カントやデューイを引用している消費の美学研究は若干存在している(e. g., Charters, 2006; Holbrook & Zirlin, 1985)。

(10) 神経研究の領域では、文学作品を愉しむ脳について研究する「神経文学」(苧阪(編)、二〇一四)という学問も近年誕生した。図1-2には含めていないが、消費の美学は神経文学ともつながってくると考えられる。

(11) ここに示したカテゴリー名は、拙著(牧野、二〇一五)で用いた表現のままではなく、部分的に改めたものである。

(12) 新美(二〇一六)は、「情景認知」という語を用いている。

(13) 本書で言う情趣とは、本居宣長の言う「もののあはれ」と同様である。宣長によれば「あはれ」はそもそも「哀れ」ではなく、「あゝ」、「はれ」という感嘆のことばであり、「あっぱれ」も語源は同じということである(本居(著)、一七九六、西郷(訳)、一九七〇)。しかし、我々が経験する感情の中では悲哀感情が最も心を動かす力が強いため、俗に悲哀だけを意味するようになった（同書）と考えられている。

（14）「物のあはれ」や「物のあわれ」等と表記されることもあるが、本書では原則として「もののあはれ」とする。

（15）東辻の研究では、「もの」が主観的情意を表す形容詞性の語に「の」を介さずに結合した場合は、対象と主体は一体化することになる。そうすると、本書で情趣のカテゴリーに含めている「もの悲しい」は第三者的とは言えないことになる。しかし、「もの」が付けられることから、「悲しい」と比べると、一般化・抽象化しているということはできる。

（16）福井新聞オンライン（二〇一七、一一月一七日）、「雪化粧の刈込池『まるで山水画』大野、写真愛好家が撮影」（https://www.fukuishimbun.co.jp/articles/-/261481）、（二〇一九年六月一四日アクセス）。

（17）「ピクチャレスク」と「もののあはれ」の共通点については拙稿（堀内、二〇〇八）でも若干述べた。

（18）本書では、一八〇八年刊行の第三版を収録した書籍を参照した。初版刊行は一九七二年である。

（19）訳出にあたっては、利光（一九八五）の論考を参考にした。

（20）本書では、一八一〇年刊行の本を収録した書籍を参照した。初版刊行は一七九四年である。

（21）バーク（Burke, 1976）は、壮麗ピクチャレス（前述）にエイドフュージコンの影響が見られると指摘しているが、「ナポリ付近の夕日」や「地中海の上の月光」等は、情趣を感じさせる作品と言えるだろう。なお、エイドフュージコンが具体的にどのようなものであったかということについては、オールティック（Altick, 1978, 浜名他（訳）、一九八九）が詳しく説明している。

（22）日常美学に関する著作の中には、「消費者美学」（"consumer aesthetics"）（Saito, 2017）ということばが用いられているものもある。しかしこれは、消費者が商品を選択する際に働かせる美意識やファッション・センス等を指している。そのため、消費者行動研究でいうところの「消費の美学（消費者美学）」とは、重なるところはあるものの、別のことばとしてとらえるとよいと思われる。

（23）原語は"engage"である。この語は、広告研究では、「エンゲージ」とカタカナ表記されることが多いが、本書では美学領域における青田（二〇一七）の訳に倣い、「参与」とした。

（24）原語は"transformative consumer research"である。松井（監訳）の訳書（Solomon, 2013, 松井（監訳）、大竹他（訳）、二〇一五）に倣い、「変革志向消費研究」とした。

（25）Assosiction for Consumer Research から二〇一九年一〇月に発行される予定の *Journal of Association for Consumer Research* では、パトリック他が編者となり、「日常消費者美学——日常生活における美学のための変革への方向」という特集を組んでいる。

第2章

情趣を感じやすくなるための条件

微妙な差異が重要？（詳しくは55ページ）

私たちは日常生活の中でどのようなときに情趣を感じやすいだろうか。情趣経験の特徴について理論的に詳しく検討している消費者行動研究はまだないが、感性的経験全般まで視野を広げれば、いくつかの研究が存在する。そこで第2章では、それらの研究をふまえ、[1]情趣を感じやすい知覚者の条件として次の四点をあげて検討していく。

第一は、**事物に対して第三者的になること**（1節）である。第二は、**微妙な差異やわずかな変化に気づくこと**（2節）である。第三は、**事物に関する人文学的知識を得ること**（3節）である。第四は、**事物に対して能動的にかかわること**（4節）である。

1節　事物に対して第三者的になること

(1)「関心」から「無関心」へ

事物は、見方次第で印象が変わる。情趣があると感じるかどうかも、とらえ方によって変わってくることがあるだろう。第1章1節で述べたように、快楽消費と問題解決型消費者行動を分ける重要な点として、手段的か目的的かということをあげることができる。これを、カントの言う関心・無関心の観点からとらえるとどうなるだろうか。

「無関心」というのは、カント（Kant, 1790, 篠田（訳）、一九六四）が『判断力批判』の中で掲げた概念であり、「私欲や実践的な利害に基づいて行動しようとする態度を度外視すること」（佐々木（健）、一九九五、一八二ページ）である。消費者行動研究の視点からこの概念をとらえるなら、何かの役に立てようとする意図がないこと、問題解決を目指してはいないこと、と言えるだろう。

消費者行動における「手段的」というのは、有用性あるいは機能的価値があると認識されることを意味するから、問題解決型の消費者行動は、基本的に「関心」のある状態で行われることになる。そうなると効率重視になり、情趣は感じられにくくなると考えられる。これに対して快楽消費はそれ自体が目的なのであるから、「無関心」の状態で行われる。この区別は一見明瞭でわかりやすい。消費の美学が扱う三カテゴリー（図1-2の①②③）に関して言うなら、多くの感性型快楽消費は「無関心」の状態で行われると考えられる。しかし、実際に日常生活における感性型快楽消費を思い浮かべてみると、そう簡単には区別できないことがわかってくる。この点について以下で詳しく検討していく。

（2）日常生活における「無関心」と視点の転換

消費の美学の主な創始者であるホルブルックは、感性型快楽消費をどのようにとらえているだろうか。ホルブルックとツィルリン（Holbrook & Zirlin, 1985）は、カントやデューイの著作を引用しつつ、感性的鑑賞（aesthetic appreciation）とは何かについて検討している。そして、感性的鑑賞は実際的な有用性を考えることなく純粋に対象自体を楽しむことであると論じている。ホルブルックとツィルリンは、この定義を、カントの「無関心」の概念を基盤として掲げている。

「無関心」の問題は、本章冒頭で述べた通り、チャーターズも取り上げている。チャーターズは、カントの言う「無関心」の状態における鑑賞とは、精神的距離（psychical distance）[2]のことであると論じた。郡田（二〇〇九）によれば、精神的距離とは、美学の領域でブロウ（Bullough, 1912/1970）によって掲げられた概念であり、以後、様々な論者によって取り上げられてきたということである。ブロウによれば、精神的距離とは、対象を、個人的な欲求や目標を抜きにして客観的にとらえることを意味する。ブロウは、海上に霧が立ちこめている状態を例としてあげている。そしてブロウは、自分がかかわりを持つと考えれば、この状況は危険であり不快だが、精神的距離をとり、客観的に眺めたならば、「強烈な興趣と楽しみの源になりうる」(Bullough, 1912/ 1970, p. 783, 郡田、二〇〇九、八六ページの訳による)と論じている。

「無関心」の問題は、消費者が認識する感性的価値に関するワグナー(Wagner, 1999)の論考の中でも取り上げられている。ワグナーは、美学の領域の諸研究をふまえ、感性的な対象に対する消費者の注意は選択的であり(選択的注意の問題については後述)、消費者は「無関心」の状態で対象の観照(contemplation)をすると論じている。

これらの論考を情趣経験という観点からとらえなおすと、日常的な事物が情趣を生じるのは、「無関心」の状態で鑑賞された場合であると考えられる。ただし、手段として利用されるものは鑑賞の対象になり得ないと決めつけてはいけない。もともと手段的な行動であったものが、目的的な情趣経験に転じるということもある。

例えば、高層ビルのオフィスで働いているある人が、オフィス内のある窓から見える夕焼け空がきれいだということに気づいて以来、夕方に一休みするときはその場所に行くことに決めているといった行動は、本来リフレッシュのための手段的行動だが、「無関心」の色彩を帯びている。ある駅で電車を待つ時にあるベンチに座って遠方を見ると眺めがよいと知ってから後はできるだけそうしているといった行動も、同様である。

ある程度の年月を経て「関心」から「無関心」へと視点が変わることもあるだろう。一つの例として、風に乗って小学校から聞こえてくるチャイムに耳を傾けるということについて考えてみたい。小学生にとっては、それはお知らせであり、次の行動に移るための手段である。しかしとっくに小学校を卒業してしまっている大人にとっては、小学校のチャイムは有用なものではなく、懐かしい記憶を呼び覚ます味わい深い音色であるかもしれない。(3)

では、手段から目的への変換は、理論的にはどのように説明できるのだろうか。この問題に関しては、草薙(一九七三)の『欠如』の美的転換」の考え方が参考になる。草薙は、「わび」、「さび」「もののあはれ」等の概念を取り上げ、それらが日本の文化の歴史の中でどのように生じてきたかを論じている。そして、「もののあはれ」は、「『限界状況』の意識」(二三七ページ)あるいは「『欠如』の積極的な美的転換において」(同ページ)(4)と論じている。(5)「限界状況」とは、実存主義哲学者ヤスパースが用いた概念であり、「人間の能力によってはいかんともし難い状況」(草薙、一九七三、一五二ページ)を意味するが、草薙はこれを無常観や「わび」と共通の意味をもつ概念としてとらえたのである。草薙によると、「わび」の本義は、挫折を意識したうえで、それを超越するところにある。そして「もののあはれ」における哀感は、退廃的な無力感ではなく、形而上学的な挫折感であるという。

草薙の考え方を本書の立場からとらえるなら、日常生活の中の不完全な事物は、知覚者のとらえ方に美的転換が生じると、感性的な事物になり得ると言えるだろう。しかし不完全ならばよいというものではない。以下ではこうした事態がどのような状況において生じるのかについて考えてみたい。

（3）事物が有用性を失うことによる視点の転換

第1章1節で述べたように、問題解決・情報処理の枠組みのもとでは、事物が有用か否かの別が重要である。この観点から草薙の考え方をとらえると、欠如とは有用性を失う状態を指すことになる。事物が有用性を失うと、処分の対象となるか、問題解決の枠組みから外れて「無関心」の状態で知覚されるかのいずれかになるだろう。そして「無関心」の状態で知覚される場合は、「用の美」ならぬ「無用の美」、「無用の長物」ならぬ「無用の情趣」が見出されるかもしれない。

消費者行動研究の領域では、ソフトドリンクの空き缶をリサイクルに回すかゴミとして処分するかの判断は、缶の変形の程度と缶のサイズによるということを明らかにした研究（Trudel & Argo, 2013）があるが、これは、有用性の観点から商品をとらえた研究と言える。鑑賞の対象となる可能性という観点から空き缶とらえたならば、これとは異なる結果が得られるのではないだろうか。

壊れたオルゴールやブリキのおもちゃなどはアンティークとして鑑賞の対象になることもある。空き缶や空き瓶なども同様である。近年は、ゴミを積極的に作品素材としている造形作家もいる。壊れたおもちゃやゴミを素材とした作品は芸術作品あるいは芸術作品的な存在となるのであり、美しさや格好の良さなど、情趣とは異なる感性型快楽を生じると思われる。

しかし、芸術作品にはならないが、どことなく趣が感じられるようになるものもあるだろう。ノスタルジックなものはその代表と言える。かつて有用であったものが、古びて有用でなくなったとき、あるいは時代遅れになって使われなくなったとき、情趣が感じられるようになることがあるだろう。壊れて動かなくなった数十年前の家電や、かつて使われていた看板などは、趣があると感じられやすいのではないだろうか。知覚対象が物ではなく情景である場合も同様だろう。この現象は、かつて賑わっていたことを示唆する情景が醸し出す情趣の問題（第4章3節参照）ともつながってくる。

本書では、有用なものは情趣を感じさせないとか、無用になれば情趣を喚起するとか、そういう決めつけをするつもりはない。しかし、ともすれば効率重視になりがちな現代の消費生活の中では、有用であったものがその有用性を失ったとき、新たな見方が生じ、情趣が感じられるようになるということが、少なからずあると考えられる。

(4) 当事者の感情的なとらえ方をやめることによる視点の転換

有用な事物が有用ではない事物に変わること以外にも、「関心」から「無関心」への移行が起こることがある。本書で注目したいのは、感情的なとらえ方をやめることである。

夏目漱石（一九〇六／一九五〇）の『草枕』の中に、雨の山中を歩く自分について、薄墨色の世界の中を濡れて歩く「われならぬ人の姿」と見れば詩にも句にもなるが、足の疲れを気に掛けた瞬間に自分は詩中の人や画中の人ではなくなったという部分がある。漱石はこの箇所を「非人情がちと強過ぎた様だ」（一六ページ）と結んでいる。

漱石の言う「非人情」とは文学界における「写生文」の考え方に根差すものである（柄谷、一九五〇）。漱石によれば、写生文家の人事に対する態度は、大人が小供を見る態度と同じである。つまり、泣くのを見たら自分も泣くのではなく、「泣かずして他の泣くを叙する」（夏目、一九〇七／一九六六、一五三ページ）のである。

小宮（一九五四）が指摘しているように、漱石は、後に書いた断片「ある藝術家ノ述懐として小説中に出す」でも、「非人情」に通じる考え方を示している。漱石は、人情がかった絵画には成功するものが少ないと述べ、「傍観的態度で見る。無関心で賞玩する」（夏目、一九一五頃―一九一六／一九五〇、三四九ページ）というのが絵画を愛する気分ではないかと論じている。

古田（二〇一四）は、『草枕』をはじめとする漱石の芸術観を「非人情の美学」としてとらえ、非人情の美学の背景には、「心理学的な美的体験の重視がある」（四三ページ）と論じている。美とは、日常的な世界から一瞬でも離れることによって成立するのであり、そこには美的体験（本書で言うところの感性的経験に含まれる）がなければならないという。

では、その一瞬とはどのような時に生じるのだろうか。先に『草枕』から引用した箇所には、自分自身に対する「非人情」な見方が存在しており、それが、視点の転換によって終了している。もっとも、『草枕』における転換は、情趣を感じる視点から情趣を感じない視点への転換であるから、本書では逆を考えてみればよいことになる。例えば、道に迷って困ったりあせったりしているときに、空に大きな虹がかかっていることにふと気づいたという場合に、少なくともその瞬間は、困っている人の視点から虹を鑑賞する人の視点へと転換が生じ、感性的経験が可能になっている。当事者の感情的なとらえ方を意図的にやめることは難しくても、知らず知らずのうちに鑑賞者のとらえ方に切り替わっているということは、多くの人が日常生活の中で経験しているのではないだろうか。

2節　微妙な差異やわずかな変化に気づくこと

(1) 事物との偶然の接触と感受能力

情趣に関する理解を深めるためには、事物との**偶然の接触**という性質についても考えてみる必要があるだろう。多くの芸術作品とは異なり、日常生活の中でふとした瞬間に心動かされる場合の知覚対象は、誰かによって意図的に提示されたものではない。この問題は、刺激が予め用意されている新実験美学（第1章　図1-2）の手法では検討することができなかった(6)。美学においても、芸術作品を念頭に置いている場合は、鑑賞しようという意図があるのが普通であるから、この問題は考慮されていなかったように思われる。

偶然性は、それ自体が感性的経験を引き起こす要因というわけではないだろう。しかし、偶然であったがゆえにより大きな喜びや驚きを伴い、感性的経験を深める働きをするということは充分考えられる。

九鬼（一九三五／二〇一二）は、偶然性について、「偶然ほど尖端的な果無い壊れやすいものはない」

（二四〇ページ）と論じ、そこに偶然の美しさがあるとしている。またこれをふまえて藤貫（二〇一八）は、九鬼の偶然論においては、無いことの可能な存在としての現在的虚無的性格が重要であると指摘している。

日常的な状況を当てはめて考えてみると、偶然性とは、希少性の高い遭遇経験と言えるだろう。都会のビル街でタンポポの種が風に乗って飛んできたとか、夏の蒸し暑い日に商店街を歩き回っていたらどこからともなく風鈴が聞こえてきたとか、そうしたことはいずれも偶然生じたできごとであり、希少性が高い。予期できる場合や、日ごろからしばしば経験している場合に比べて、感性型快楽の程度が高くなりやすいと考えられる。

もっとも、その偶然の接触に注意を向けられるかどうかは、事物に対する知覚者の感受性（感受能力）あるいは「風情リテラシー」（堀内、二〇〇九）にもよるだろう。事物を感性的にとらえる能力については、日常美学の領域でも、近年、「感性リテラシー（aesthetic literacy）」（Saito, 2017）の問題として取り上げられている。またこれに近いことは、兼好法師の『徒然草』（永積（校注・訳）、一九八六）まで遡っても論じられている。兼好法師によると、趣のあるものに対して敏感である人は「よき人」であり、鈍感である人は「かたくなる人」である。これらのことは、人間の感受能力の問題が、時代も文化を超える重要な問題としてとらえられてきたことを示唆している。

消費の美学においては、ブロック・ブリュネル・アーノルド（Bloch, Brunel, & Arnould, 2003）の研究の中で、感受能力と関連する問題が取り上げられている(7)。

ブロック・ブリュネル・アーノルドは、インタビュー調査を行い、商品のデザインなどの視覚的な側面に対する消費者の重要性認識が、価値、鋭さ、反応の強さの三つの次元から成っていることを見出した。このうち、鋭さの次元は、ここで論じている感受能力に近い概念である。彼らはこの分析をもとに、商品の視覚的な側面の重要性認識を測定する尺度を開発している。[8] 鋭さを測定する質問項目群の中には、「商品デザインの中のちょっとした違いを見分けられることは、私がこれまでに伸ばしてきたスキルである」、「商品デザインの中の、他の人が見落としがちな側面にも私は気がつく」等がある。これらの質問に対して当てはまる程度が高い人は、商品のデザインなどに対して鋭い人であると考えられる。

それでは、感性的な事物を受けとめる能力が乏しい人、「かたくななる人」は、情趣経験をあきらめねばならないのだろうか。

美学の感性論においても、感受能力[9]に個人差があることは指摘されてきたが、シブリー（Sibley, 1959）の感性論においては、この能力は、学習によって育まれるとされている。シブリーは、子どもや、感受能力がさほどでもない人が、感性的な表現を獲得していく過程に着目している。最初のうちは、「かわいい」や「醜い」のような包括的な表現しか使えないが、やがて「優雅」や「優美」のような、特化した表現も使えるようになるという。シブリーによれば、目立つ現象や珍しい現象は注意や関心を引きやすい。子どもが草よりバラに注意を向け、大人が冬景色の地味な色より秋の様々な色について子どもに話すのは当然だという。こうしたところに注意を向け、驚いたり賞賛したりするところから、感受能力は発達していくということである。

レディ（Ledde, 1995, 第1章3節参照）は、シブリーの考え方を発展させ、若い音楽家を例としてあげ、訓練の過程で複雑な感性的表現を獲得していくと論じている。

シブリーやレディの考え方に従えば、兼好法師に「かたくななる人」と呼ばれそうな人も風情リテラシーを上げられるということになる。事物に注意を向け、理解を深め、感性的なことばで表現すると、風情リテラシーは上がっていくと考えられるからである。つまり、**事物間の微妙な差異に敏感になることと**、その差異を**感性的なことばで表現できること**が、「よき人」へと向かう条件になってくる。

微妙な差違に対して敏感になることは、問題解決・情報処理型の消費者行動において重要と思われやすいかもしれない。例えば、商品やサービスの選択・購買場面で、特別価格と通常価格とのわずかな差異が選択を方向づけるということがあるだろう（第2章扉挿絵）。しかし、感性型快楽消費においても、微妙な差異が重要な役割を果たすことがある。以下では、具体例をあげながら、微妙な差異に敏感になることの重要性について検討していく。

まず、差異に敏感になることについて考えるにあたり、一八―一九世紀イギリスの風景画家コンスタブル（John Constable, 1776–1837）を取り上げる。そして、身の回りの事物のささやかな変化に注意を向けることの重要性を探る。時代も場所も現代日本からは程遠いが、身近な生活環境と自然環境をモチーフとしている点や、作品の特徴として抒情性があげられている点で、情趣という本書のテーマと密接につながっている。またコンスタブルは、特定の風景を描いていても、普遍的で一般化された風景（general landscape）を描いているという考え方を持っており（Lambert, 2005）、この点でも情趣の普遍性を求めようとする本書の姿勢に通じている。

次に、感性的な事物をことばで表現することの効果について考える。ここでは美術教育に関する論文を紹介し、そこから得られている知見をもとに、感性的な表現の獲得が感受能力の向上に貢献する可能性を述べる。

（2）事物の微妙な変化を観察すること[10]

コンスタブルは、イギリスの風景画家としてターナー（Joseph Mallord William Turner, 1775–1851）と並び称せられるようになった人物である[11]。図2–1《フラットフォードの製粉所》のように、のどかな牧歌的な作品が多い。ベイリー（Bailey, 2006）によれば、コンスタブルはギルピン（Guilpin, 1791/1808/ 2001, 第1章2節参照）が著した「ピクチャレスクな美について」を読んでおり、またバーク（Burke, 1976）によれば、「小屋あるいは田園ピクチャレスク」（第1章2節参照）はコンスタブルの作品に通じるということである。

クラーク（Clark, 1797, 佐々木（英）（訳）、二〇〇七）はコンスタブルの絵画をワーズワース（第1章2節参照）の詩と共通しているととらえ、コンスタブルは「ワーズワース的風景」（二一〇ページ）を描いたと論じている。八代（一九七二）によれば、コンスタブル自身は、次のように述べていたということである。

図2－1　コンスタブル《フラットフォードの製粉所》
テート・ブリテン所蔵

Flatford Mill ('Scene on a Navigable River') 1816–7; John Constable 1776–1837; Tate, Bequeathed by Miss Isabel Constable as the gift of Maria Louisa, Isabel and Lionel Bicknell Constable 1888; Photo: ©Tate, London 2019.

水車のせきを切って流れる水の音とか、柳、古びて腐った板、泥だらけの柱、煉瓦造りの家、こういうものが私は好きだ。絵画はいつでも私にとって感情を表現するもう一つの言葉である[12]。

しかしコンスタブルはのどかさを印象でとらえようとしていたわけではなかった。コンスタブルは、風景を描くことは科学であり、風景を描くには自然法則の探求が必要であると考えていた（Lambert, 2005, 岡田（温）、二〇一二）。ここで言う「科学」とは、理論のもとでしっかりとした方法論に基づいて追究された知識を体系的に集めたものを指す（Lambert, 2005）。

ランバートは、コンスタブルの抒情的な

風景画の根底には、シャフツベリ伯爵三世（The Third Earl of Shaftesbury）（以下では「シャフツベリ」）の美学と、アリソン（Archibald Alison）の連合心理学の考え方があると指摘している。[13]

シャフツベリは、バウムガルテンが近代美学を確立する以前の哲学者である。ランバートは、シャフツベリについて、美と真理の密接なつながりの上に彼の美学を確立したと論じている。シャフツベリによれば、画家は、自然の中の一部分を描いているのではあっても、それが美しく、かつ、真実を伝えるものであるならば、包括的であり、自然全体を表しているということである（Shaftesbury, 1711/1999）。

一方、アリソン（Alison, 1790/1968）の心理学によると、「ピクチャレスク」（第1章2節参照）な物は、知覚した風景の性質と直接結びついているとは限らないということである。[14] まず驚きなどの単純な感情を生じ、その感情がイメージのつながりを呼び起こすとされる（Alison, 1790/1968）。ここでアリソンは、深い森の中の塔や、峡谷の岩と岩に架けられた橋などを、「ピクチャレスク」を感じさせる対象の例としてあげている。

コンスタブルは空に関心を持ち、とりわけ雲の描写に注意を払っていた。コンスタブルは一八二一年から一八二二年にかけて《雲の習作》という百近くの作品を残しているが（Bailey, 2006）、これらの作品は、コンスタブルが雲の動きや形の変化に強い関心を持っていたことを物語っている。それらの裏には、しばしば時刻や風向などに関する覚え書きがあった（Bailey, 2006；Leslie, 1843/1951, 斎藤（訳）、一九八九）。例えば次のような覚え書きである。

一八二二年九月五日。朝十時。南東を向く。心地よい西風が吹く。空の中程に非常に輝いた新鮮な灰色の雲が、黄色がかった雲の層の上を素早く走る。オスミントン海岸特有の日。(Leslie, 1843/1951, 斎藤（訳）、一九八九、一七三ページ)

コンスタブルは、多くの人が見落としてしまいそうな微妙な雲の動きや位置の差異に敏感であったと考えられる。

さてこうした試みを、兼好法師の言う「かたくななる人」の感受能力向上に生かすことはできないだろうか。外界の事物の微妙な変化に気づきにくいという人も、対象の緻密な描写を試みれば、身の回りの事物のささやかな変化に気づきやすくなるかもしれない。さらに、詳細な観察から生じてくるイメージのつながりによって、潜在的に趣のある事物への気づきが促進されるのではないだろうか。

実際には、私たちは、日常的に知覚している対象を逐一描写するというわけにはいかない。しかし、描写するようなまなざしで見たり、耳を澄ませて聞いたりすると、自ずとイメージも膨らむようになり、情趣を感じやすくなるかもしれない。

(3) 事物を感性的なことばで表現してみること

事物に名前を付けることや言語で説明することが記憶や理解に及ぼす効果は「言語的符号化」の効果として以前から認知心理学の領域で検討されてきた。しかし、固有名詞や物理的な特徴を表すことばではなく、感性的なことばで表現されていたらどうだろう。

この問題に関連する実践的な研究として、有田(二〇一三)による仏教美術教育の研究がある。有田は、小学生や中学生に仏像様式を教えるにあたり、様式にキャッチフレーズをつけると効果があるのではないかと考えた。そして、美術教育の先行研究から、感情のことば(この研究では、「こわい」、「かわいい」等のことばを指す)と像を表すことばを用いることが仏像鑑賞においても妥当であると考え、七つの様式にそれぞれキャッチフレーズをつけて提示した。それらは、一「厳しく神秘的な飛鳥仏」、二「ふっくらかわいい白鳳仏」、三「堂々・リアル天平仏」、四「怪しく・コワイ密教仏」、五「繊細・優美な定朝《じょうちょう》様仏」、六「リアル・ダイナミック慶派」、七「大胆で素材を活かす円空仏」である。さらに、生徒自身がキャッチフレーズを作成するというやり方も試みている。

鑑賞教育後に各様式仏とキャッチフレーズの組み合わせを尋ねたところ、学年と正答率の相関はほとんど見られず[15]、様式による違いが見られたという。平均正答率は、慶派仏が最も高く(八五パーセント)、ついで円空仏であり(六四パーセント)、白鳳仏が最も低かった(四七パーセント)。白鳳仏の正答率の低さの一番の理由として有田は、児童生徒たちが白鳳仏を「かわいい」とはあまり感じていなかったことをあげている[16]。

仏像に限らず日常生活の中の様々な事物を知覚する際も[17]、見ただけ聞いただけで終わりにせず、感性的なことばで表現することを心がけていれば、それぞれの対象の印象が残りやすくなり、感受能力も上がっていくのではないだろうか。特に、類似する事物同士の微妙な差違をことばで表すことができれば、大きな効果が生じると考えられる。

3節　事物に関する人文学的知識を得ること
——みちのくの「しのぶもちずり」を例として

(1) 情趣を深める要因としての人文学的知識

知識と感性の関係の問題を取り上げた研究は多数存在する。知覚対象が自然環境である場合には、最低限の知識があればよく、専門的な科学的知識まで必要とは限らないという考え方（e.g., Stecker, 2010, 森（訳）、二〇一三）や、知識が鑑賞の妨げとなることもあるという考え方（例えば、西村、二〇一一）がある。実際のところ、俳句の世界では妨げとなることがあるようである。例えば「朝顔」は秋の季語であり、夏から咲いているとする自然科学の説明とは異なるという指摘（長谷川、二〇一八）がある。これは、自然科学の知識を得ることによって知覚対象の情趣が損なわれる可能性があることを示唆している。

しかし、知覚対象が都市環境である場合は、むしろ知識の重要性が指摘されている。特に、歴史学的知識や地理学的知識、あるいは人類学的知識や社会学的知識といったものが、感性的経験を深めること（Carlson, 2009）が指摘されている。例えば、カナダ西部の大草原にはロシア風の玉ねぎ型屋根の教会が建っているが、こうした一見ミスマッチな風景も、その土地に関する歴史学的知識があればしっくりとしていると感じられるとカールソンは論じている。

日常生活の中の情趣経験もまた感性的経験の一種なのであるから、知識によって深まると考えられる。しかし、必要とされる知識の種類が、自然環境や都市環境の鑑賞の場合とは少々異なると思われる。情趣を深める知識は、歴史学的知識や地理学的知識ばかりではない。**人文学的知識**が大きな役割を果たす場合もありそうである。文学作品に取り上げられているような事物は、感性的経験を生じる要素を持っている可能性が高いためである。特に、古来和歌に詠まれてきたような事物は、「もののあはれ」を感じさせやすいと考えられる。したがって、そうした事物に関する人文学的知識が増すと、感性的経験が促進されたり深められたりすると考えられる。以下では、現代に生きる歌枕の問題を取り上げて検討していく。

(2) 歌枕「しのぶもちずり」と情趣(18)

廣木(二〇一三)によれば「歌枕」とは、古典和歌に詠まれた地名のことだが、詠まれたというだけでなく、人々の営みや思いなどが託された、和歌にふさわしいと考えられる地名である。したがって、情趣を感じさせやすい土地と考えられる。

歌枕というと、遠い昔の話だと思う人が多いかもしれない。しかし現代の生活の中にも根づいている例があり、ここではこの現象に着目する。

現代生活における歌枕については、これまでにも、塩入（二〇〇三）が研究を行っている。塩入は、長野県の代表的名所の一つである久米路橋を取り上げ、「久米路柿」「久米路もなか」など、久米路ブランドは存在するものの、多いとは言えないと指摘している。そして、今後より多く観光に生かしていくことを提案している。この他にも、中島（二〇〇七）が、『古今和歌集』の解説書において、身近な歌枕を調べて出かけ、いにしえに思いを馳せることを読者に勧めている。しかし塩入や中島は、観光という非日常の経験に目を向けており、地元の人々の日常的な経験について論じているわけではない。

ここでは、日常生活と結びついている歌枕の例として、「しのぶ」（信夫）を取り上げる。「信夫」はかつての郡の名であり、地名としては、現在は存在しない。現在の福島県福島市・伊達市を指す（嘉村、二〇一三）。ただし現在でも、「信夫山」は存在しており、地元の人々はこの山に慣れ親しんでいるという(19)。そして、この地域で作られていたのが、「しのぶもちずり」（しのぶもぢずり）(20)である。これは、石の表面で植物の色素を染めた乱れ模様の絹のことである（福島市教育委員会文化課市史編纂室、二〇一七）。

この絹は、平安時代には都の貴族の間で大変評判であったという。東北地方の歌枕は、行く機会のない憧れの地であったというから（中島、二〇〇七）、そこの名産となると一層貴重に感じられたのではないだろうか。奥州平泉の藤原泰衡が仏像彫刻のお礼として信夫文知摺（しのぶもちずり）を運慶に贈ったことも知られている（福島民友新聞社編集局、一九七八）。

歌の世界においては、乱れ模様であることから「恋の煩悩《ぼんのう》を見事にそして優雅に表現している」（福島市史編纂委員会、一九七〇、二七一ページ）ととらえられていた。情趣の問題を考えるにあたっては、ファッションとして都の貴族の間で流行ったことより、乱れた恋心を表すのに打ってつけのことばであったことのほうが重要に思える。

『小倉百人一首』に、「みちのくのしのぶもぢずりだれゆゑに　乱れそめにし我ならなくに」という歌が収められている。[21] 河原左大臣（源　融《みなもとのとおる》）[22]が詠んだ歌である。この歌は、源融が陸奥・出羽按察《あぜ》使《ち》として陸奥《みちのく》を訪れたときに知り合った長者の娘・虎女《とらじょ》に対して、後に都から送った恋歌とされている（福島民友新聞社編集局、一九七八、福島市史編纂委員会、一九七〇）。「しのぶもぢずり」のように、私の心はあなたのために乱れているという内容である。[23] ところが、畿内における「しのぶもぢずり」の話は、これで終わりではない。『伊勢物語』の初段にも、「しのぶのみだれ」として引用されている。信夫摺の着物を着ていたある男が旧都（奈良）で魅力的な姉妹を見て歌を送ったが、その歌の趣旨は河原左大臣の歌と同様であったと記されている。[24] そして、昔の人は率直果敢な風流事をしたものである（阿部、一九七九の現代語訳による）と書かれている。『伊勢物語』の作者が、源融と虎女の話を思い浮かべながらこの箇所を書いたことがわかる。[25]

一方、みちのくの虎女の側ではどのようなことが起こっていただろうか。源融との再会を待ちわびた虎女は、文知摺観音にお百度参りをし、もちずり石（文知摺石）（図2-2）に目をやったところ、融の面影が浮かんだと言い伝えられている。[26] しかしこちらでも、ここで話が終わったわけではない。これを伝え聞いた後世の人々は、自分自身にとっての愛しい人や亡くなった家族が映るようにとせっせと麦の穂で石を摺り、鏡のように光らせようとしたという[27]。

さらに時代が下り、江戸時代になると、元禄七年＝一六九四年に芭蕉がこの地を訪れた。久富（一九八〇）によれば、芭蕉の『おくのほそ道』の旅行の目的の一つは歌枕遍歴と言われているから、芭蕉がもちずり石を訪れたことは納得がいくということである。

さて、『おくのほそ道』によれば、芭蕉の時代になるまでには、往き来する物好きな人たちが麦を取り荒らしてこの石に摺りつけて試すようになっており、農夫たちはそれをいやがっていた[28]。そこで農夫たちは石を突き落とし、その結果として石の裏表が逆になった[29]。芭蕉はこの話を村の子どもたちから聞き、そのようなこともあるのだろうかと疑問に思いつつ、しのぶ摺が摺られていた時代を思い描いて一句詠んだのであった。「早苗とる　手もとや昔　しのぶ摺」という句である。この句では、「しのぶ」が昔を偲ぶということに掛けられている[30]。

さらにその後、明治二六年＝一八九三年には正岡子規が訪れ、「涼しさの　昔をかたれ　しのぶ摺」という俳句を詠んでい

図２－２　現在のもちずり石（文知摺石）とその周辺（筆者撮影，右下の石がもちずり石）

る。芭蕉同様、いにしえを偲んだ句になっている。この地には、他にも、沢庵和尚をはじめ様々な人々が訪れている。

したがって、時代ごとに様相が変わってはいくものの、もちずり石を訪れる人々は、多かれ少なかれ平安時代の話に思いを馳せるような経験をしてきたと考えられる。時代を超えて、情趣経験の連鎖のような現象が生じているのである。

図２−３　文知摺橋
（福島県福島市，筆者撮影）

子規よりもさらに時代が下っても、「もちずり」がもたらす情趣は存在し続けている。特に、明治期以降は福島市による「もちずり」重視の動きも影響を及ぼしていたようである。明治一八年＝一八八五年には、もちずり石（文字摺石）は公園造りのために埋められたものの、直ちに発掘作業が行われ、柵が廻らされた（福島市教育委員会、一九六四）。また、阿武隈《あぶくま》川に架かる橋（もともとあった岡部《おかべ》橋を架け替えた）の名前は「文知摺橋」（図2-3）になった。昭和一二年＝一九三七年のことである(31)。その後さらにもう一度架け替えられたが、名称は「文知摺橋」のままである(32)。

現在、福島市内の字《あざ》のレベルでは、「文知摺前」や「文字摺」という名前の場所が存在する。しかし、「もちずり」ということばは、この地域に限らず、広範囲にわたって使われている。文化的意味を込め、こうした名称を積極的につけた時期があったようである。現在は、「もちずり学習センター」（図2−4）、バス停「文知摺」、「文知摺郵便局」、「文知摺タクシー」、「もちずりワーク」、「もちずりの郷」などがある。かつて作家の林房雄氏は、福島で名所を聞くと、皆が「信夫文知摺石」をあげると思ったと語っている（福島民友新聞社編集局、一九七八）。福島県の銘菓の一つである「もちずり」も、河原左大臣（源融）の歌から名前をつけたということである。[33]

　したがって、地元の人々は、日常生活の中の様々な場面においてしばしば「もちずり」ということばに触れていると考えられる。地元の歴史に関する教育では、一九八〇年刊行の小学生向けの図書『福島の伝説』（福島県国語教育研究会（編））の中の第一番目の話として「信夫もちずり石」が取り上げられた。[34] 近年発行された小学六年生向けの地元の歴史に関する図書『ふくしま歴史絵巻』（福島市教育委員会文化課市史編纂室（編）、二〇一七）でも、「文知摺石」は写真つきで紹介されている。

図2−4　もちずり学習センター
（福島県福島市，筆者撮影）

　地元の人々の中には、小学校の遠足でもちずり石を見に行き、源融と虎女の話を知ったという人もいる。[35] 一方、源融の歌については、高校生になって古文を学ぶようになってから知り、平安時代の都や貴族を思い浮かべて嬉しいような気持ちになったという人もいる。[36] しかし、二〇歳代以下ぐらいの若年層は異なっており、「もちずり石」のことを尋ねても、聞いたことがあるという程度にとどまる場合が多いという。

地元の人々の意識をより詳しく知るための手がかりとして、福島市で二〇〇八年に実施された調査（有効回答数一三四七、有効回収率四四・七パーセント）の結果を見てみたい[37]。この調査では、「福島の誇りや自慢できること」（自由記述形式・回答者六九五名）という質問に対して三番目に多かった回答として「観光資源が豊富である」があげられており（一六・八パーセント）、この順位は、二〇歳代の回答に限定しても同様（一一・一パーセント）だった[38]。福島市の魅力を問う質問（二つまで選択）に対する回答もこれらと似ていた。三番目に多かった回答は「豊富な特産品」（二七・五パーセント）であり、四番目に多かった回答は「豊富な観光資源」（二七・九パーセント）だった[39]。さらに一〇年遡る一九九八年度の調査でも、これと近い結果が得られていた（「豊富な特産品」二四・七パーセント、「豊富な観光資源」一七・九パーセント）[40]。感性的経験という観点からこれらの結果をとらえるとき見落としてはならないのは、地元の人々が観光資源や特産品に対して比較的高い関心を持っているということだけでなく、観光資源が、地元の人から見た福島市の魅力や福島市に対する誇りの源となっていることである。

「しのぶもちずり」は観光資源と言えるであろうし、かつては特産品であった。「しのぶもちずり」自体に関する調査が行われているわけではないため断定や拡大解釈は避けるべきだが、「しのぶもちずり」は、潜在的には若年層をも含む地域住民の関心を引く対象と言えるだろう。

地元の人々は、もちずり石に詳しければ、「もちずり」という名のついた事物を使用したり利用したりするとき、いにしえに思いを馳せて情趣を感じることができる。平安時代まで遡らずに芭蕉の時代まで遡るだけでも情趣は深まるだろう。さほど詳しくなかった人やあまり関心を持っていなかった人でも、日頃なんとなく馴染んでいた「もちずり」ということばが古典の世界と結びついていると知ったら、身の回りの「もちずり」に対する見方が変わり、しみじみとした情趣が感じられるようになるのではないだろうか。何も知らずに「もちずり」という名の事物を使用あるいは利用していたときには得られなかったような情趣経験が可能になってくるのである。

現在、「しのぶもちずり」がもたらす情趣を日常的に感じ取ることができる場所は、福島市方面に限られる。しかし、古来の歌枕が暮らしの中に浸透しているような場所はもしかしたら他にもあるかもしれない。さらに、歌枕に限定せず古典の文芸世界に登場した様々な事物にまで視野を広げれば、古典に関する知識が情趣を深めていることを示す例が少なからず見つかるのではないだろうか。

4節　事物に対して能動的にかかわること

(1) 能動的なかかわりの必要性

芸術鑑賞をするときは、多くの場合、鑑賞する対象は定められている。芸術鑑賞に出かける場合、出かけること自体は能動的であるし、どの作品を重点的に鑑賞するかといったことは自由に決められる。しかし、見るべき作品や聴くべき作品は提示される。この絵画のこの部分から先は見ないことにするとか、この音楽のここまでの部分に耳を傾けるとかいうことは、極めて困難であろうし、作者にとって好ましい鑑賞のしかたとは言えないだろう。

一方、日常生活においては、芸術鑑賞をするときとは異なり、鑑賞すべき対象が与えられていることは希である。今夜は十五夜で満月であるとか、桜の見ごろは今週末であるとかいった情報が与えられていれば、特定の事物が鑑賞の対象になるだろうが、こうしたことはそう多くはない。日常生活の中で情趣を感じるときは、注意を向けるべき対象は空間的にも時間的にも特定されていないことが多い。第1章1節で述べたように、多くの芸術鑑賞が「オブジェクト知覚」に基づく経験であるのに対し、日常生活の中の情趣経験はしばしば「情景知覚」に基づいている。しかもその情景は、視覚的な情景に限らず、聴覚や触覚などの様々な感覚刺激から成り立っている。

デューイ（Dewey, 1934/ 2005, Dewey, 1934 栗田（訳）、二〇一〇）が指摘しているように、日常生活の中の多くの経験は当てもなく流れ去ってしまう。そうであれば、情趣を感じさせるものを敏感に受け止められる状態でいないと、日常生活の中で情趣を感じることは難しい。そこで重要になってくるのが、知覚者の能動性である。消費者行動研究の領域では、従来、能動性は「問題解決」（第1章1節参照）としての消費者行動について言われてきたが、日常生活の中の情趣経験には、多かれ少なかれ能動性が必要である（牧野、二〇一六）。

特に、日常生活の中のどの部分に注意を向けるかという問題と、どこまでを鑑賞の対象とするかという問題が、能動性とかかわってくると思われる。注意の問題を考えるにあたっては、心理学の領域で古くから研究されてきた「選択的注意」の概念が参考になるだろう。[41] また、頭の中で範囲を設定して鑑賞することは、環境美学における「フレーム」[42]の問題と密接な関係がある。以下ではこれらの点について論じていく。

(2) 選択的注意

選択的注意とは、様々な刺激に晒されている中で、特定の刺激だけに注意を向けることである。古くから知られているのは「カクテルパーティー効果」である。カクテルパーティー効果とは、立食パーティーのようながやがやとした場所にいても、自分の名前をどこかで誰かが言えばそこだけ聞こえてくるように、外界に対して選択的に注意を向けられることを指す。古くからよく知られている実験に、チェリー（Cherry, 1953）による両耳分離聴取課題を用いた実験がある。チェリーの実験では、左右の耳から異なるメッセージが聞こえてくるヘッドフォンをつけ、一方だけを聴きながら復唱するという課題が出された。実験参加者（被験者）[43]は、課題を容易にこなすことができたが、注意を向けなかった方の音声については、あとで尋ねられてもほとんど復唱できなかった。選択が行われていたのである。

では、選択はどの段階で行われるのだろうか。（河原（二〇一五）は、刺激が提示された後に早い段階で物理的な特性に基づいて選択が行われるという可能性と、もっとあとで、意味に基づいて選択が行われるという可能性について研究が行われてきたと論じている。河原によると、現在は、初期選択の考え方を支持するような神経生理学的知見が得られているということである。

選択的注意に関する心理学研究は、統制された刺激を用いた実験によるものが多いようだが、選択的注意の考え方を日常生活の中の情趣経験に当てはめてみることはできる。

桜のシーズンに、評判のお花見スポットに出かけたという場合を考えてみたい。満開の桜が道路を包み込むようにして両脇に大変美しく咲いていたから写真を撮ってみたものの、後で写真を見たところ、路上のゴミ置き場が一緒に写っていたとか、転がっていくスーパーの袋が写っていたとか、そういう経験をしたことのある人もいるのではないだろうか。前述の通り、ゴミがアートの素材になるという考え方の芸術家もいるし、アート作品的なゴミ箱を設置している場所もあるから、ゴミが写っていれば感性的にはぶちこわしであると決めつけることはできない。だが、桜の美しさや優雅さをもう一度感じたいという場合は、がっかりだろう。

実物が目の前に存在しているときは、私たちはそのようには見ていない。ゴミ捨て場があっても、それを無視することができる。ゴミが落ちていても、桜と共に鑑賞するということは、めったにないだろう（雑然とした様子を味わいたいというなら別だが）。選択的注意が働いているからである。

選択的注意に関する実験の場面では、選択といっても刺激は最初から決められているのであり、実験参加者が自由に選べるわけではない。しかし、日常生活においては、一つの対象の選択のみならず、選択された対象同士の組み合わせも自由である。例えば、窓の外を飛んでいく小鳥と、遠くに沈んでいく夕日に同時に注意を向け、夕暮れのひとときを味わったとする。この場合、小鳥と夕日は概念的にはつながらないが、知覚者の感性的経験の中では互いに関連のある対象であり、統合されて受け止められているだろう。さらに、その小鳥がさえずったり、犬が遠吠えしたりしていれば、聴覚的な刺激も加わることになるが、これらもまた、関連のある刺激として受け止められる可能性がある。これは、前述のアリソン（Alison, 1790/ 1968, 本章2節参照）が論じたイメージのつながりの問題とも関係してくると考えられる。

（3）範囲を定める能動性

日常生活の中の事物に対する能動的な関わり方について考えるにあたっては、環境美学の古典として広く知られているヘプバーン（Hepburn, 1966/ 2004）の論考が参考になる。[44] この論考の中でヘプバーンは、芸術作品だけでなく自然も鑑賞の対象となり得ることを指摘した。そして、自然を感性的に経験すること（aesthetic experience of nature）を説明するための本質的なことがらとして、次の二点をあげている。

第一点は、自然を感性的に経験する場合は芸術作品を鑑賞する場合とは異なり、私たちは知覚対象である環境の中に包み込まれているということである。ヘプバーンは、森の中にいる人や平原の真ん中に立っている人を例にあげている。そして、その光景の中でなにかしら動きが生じると、その人もまた動かされるかもしれず、さらにその人の動きが、その人の感性的経験の一つの重要な要素となるかもしれないと論じている。

第二点は、自然の対象を鑑賞する場合は、芸術作品を鑑賞する場合とは異なり、「フレーム」が存在しないということである[45]。ここで言うフレームとは、絵画作品の枠に限らず、舞台と観客席の区別や、詩集における詩の印刷とページ番号の印刷の区別なども含んでいるという。

ヘプバーンによるこれらの指摘のうち、事物に対する能動的なかかわりの問題と密接に結びつくのは、第二点として掲げられているフレーム不在の問題だろう。

フレーム不在の問題については、不在の意味を柔軟にとらえることが重要と思われる。青田（二〇一七）は、ヘプバーンの論文には、自然にはフレームがないとしつつも、フレーム設定を肯定する側面があると指摘している。そして、環境の感性的経験を語るためには、フレームを設定する必要があると論じている。

自らフレームを決めたり切り取ったりすることの重要性は、観光旅行の感性的経験に関して指摘されてきた（津上、二〇〇八、二〇一〇；Carlson, 2009）[46]。では、日常の場面においてはどうだろうか。

日常的な情景においては、情趣を感じさせる可能性のある対象は、情趣とは関係のなさそうな対象や情趣の妨げとなるような対象とともに存在している可能性がある。そのため、全体としてはさほど面白みのない情景であっても、視界の中の一部だけをよく見たら情趣を感じたということは起こり得る。あるいは、辺り全体を眺めていたときはのどかな情景だったが、一部だけを見たら活気があると感じられたということもあり得る。

このことを具体的に考えるにあたっては、見る範囲を実際に変えて、印象の違いを確かめてみると

図2－5（1）　寺院の境内（全体）（筆者撮影）

図2－5（2）　寺院の境内（図2－5Aの一部を拡大したもの）（筆者撮影）

よいだろう。図2-5（1）は、ある寺院の境内から山門を望む場所で撮った写真である。九月初めであったが、緑が生い茂り、夏のように見えるかもしれない。また、静けさや親しみやすさなどが感じられるかもしれない。一方、図2-5（2）は、図2-5（1）のうち山門の上の部分だけを取り出して拡大した写真である。こちらの写真では、山門の上を飛ぶトンボに自ずと目が行くのではないだろうか。まず二匹、よく見るとさらにその上にもう一匹いる。緑が生い茂ってはいるものの、秋を感じる風景として映るのではないだろうか。秋にまつわる様々なイメージがわいてくる人もいるかもしれない。また、この写真からは、躍動感や生命力のようなものが感じられるかもしれない。同じ情景であっても、その中のどの範囲を知覚するかによって、感性的経験が異なってくることがあると考えられる。

日常的な情景が喚起する情趣は、鑑賞に要する時間によっても変わってくると考えられる（Makino, 2018）。そのため、空間的なフレームの設定に時間軸を組み込むことも可能である。ごく短い時間だったからこそせつないと感じられる情景や、数分あるいは数十分かかって初めてあたたかいと感じられる情景などがあるだろう。

ここで、範囲の定め方は人それぞれと言ってしまうと、法則性は見えなくなってくる。しかし、私たちは自分にとってより満足のいくような範囲の設定をしがちであると言えるならば、この部分に、個人差を超えた共通性を見て取ることができるのではないだろうか。

消費者行動研究では、「効用の最大化」というと、問題解決型消費者行動（第1章1節参照）の話になりやすいが、快楽消費における「快楽の最大化」（堀内、二〇〇四）もあり得る。私たちは、事物に対して能動的なとらえ方をすることによって、その事物の情趣を深めることができると思われる。

注

（1）本章では、主としてチャーターズ（Charters, 2006）の研究を参照する。チャーターズは、感性的経験に関する先行研究を概観し、検討すべき問題を四つ掲げている。それらは、手段的な「関心」抜きの注意（本章1節参照）、客観的趣味と主観的趣味、感性的経験の性質、評価と選好である。なお、以下に紹介していく諸研究のうち、ブロック・ブリュネル・アーノルド（Bloch, Brunel, & Arnould, 2003）の研究、ホルブルックとツィルリン（Holbrook & Zirlin, 1985）の研究、ワグナー（Wagner, 1999）の研究は、チャーターズの研究でも紹介されている。

（2）美学の領域では「心理的距離」と訳されているが、心理学や消費者行動研究では「心理的距離」という語は“psychological distance”の訳語になっており、美学における“psychical distance”とは、重なる部分も若干あるものの、別の意味を持つ。そのため、ここでは「精神的距離」とした。

（3）懐かしさに関する研究では、海外でも日本でも、懐かしさを喚起するものとして小学校や中学校に関する事物があげられることが多い（e.g., Kusumi, Matsuda, & Sugimori, 2010）。

（4）草薙によれば「わび」は実存的態度や気分を示す哲学的概念であり、「さび」は美的概念である。

（5）草薙の言う「欠如の美的転換」については、拙著（牧野、二〇一五）でも若干述べたが、本書ではこの問題をより詳細に検討する。

（6）この問題については拙著（牧野、二〇一五）でも言及しているが、詳細な検討はしていない。

（7）彼らの研究は情趣研究ではなく商品デザインに対する反応の研究だが、感受能力に関する知見は、情趣経験にも当てはめられると思われる。

（8）各次元について、複数の質問項目を用いて測定していく尺度であり、リッカート法に基づく五件法（五段階設定）で回答が求められる。

（9）原語は“sensitivity”である。佐々木（健）（一九九五）の辞典では「感覚力」と訳されている。

（10）この箇所の記述は、風景画に見られる抒情性について論じた拙稿（堀内、二〇〇八、未公刊）の一部を、微妙な変化を観察するという観点からとらえ直して論じたものである。

(11) コンスタブルは、アカデミー正会員になったものの、生前は、イギリスよりフランスで高い評価を受けていた（e. g., Clark, 1979, 佐々木（英）（訳）、二〇〇七）。

(12) 八代（一九七二）の画集に添えられた文章であり、ページ番号が存在しないため、引用箇所についてもページを示すことができない。

(13) 思考や記憶等の心的プロセスを、観念同士の連合によって説明する学問のことである（e. g., VandenBos (Editor in Chief), 2007, 繁桝・四本（監訳）、二〇一三）。

(14) アリソンの著作の読解にあたってはヒップル（Hipple, 1957）の著作を参考にした。

(15) この研究では、小中学生を対象とした教育実践を行う前に、大学生を対象とした試行的実践も行っている。

(16) 「かわいい―かわいくない」の評定結果に基づいている。

(17) 有田自身はこの研究を出発点として、その後、日本絵画の見方の学習など、仏像様式の学習以外にもこの教育法の適用範囲を広げている。

(18) この箇所における福島市史および福島市の現状に関する記述のうち、文献・資料等を記していない箇所は、福島市教育委員会文化課文化財係（当時）の梅津司氏と福島市教育委員会文化課市史編纂室の守谷早苗氏よりお伺いしたお話に基づいている。

(19) 福島市出身の方に伺ったお話による。

(20) 「文知摺」、「文字摺」、「もちずり」、「もぢずり」という表記がある。模様が捩《もじ》り（ねじり、よじり）乱れていたためこの名になっているのであり、「文知摺」と「文字摺」は当て字とされる（久富、一九八〇）。読み方に関しては、江戸時代は「もちずり」より「もぢずり」と呼ばれることの方が多かったが、現在では、読み方は基本的に「もちずり」である。

(21) 『古今和歌集』にも収められている。ただし『古今和歌集』では、「乱れそめにし」が「乱れむと思ふ」となっている。

(22) 河原左大臣は、京都の鴨川の河原付近に奥州の塩釜（藻塩を作るための釜）のある風景を模した大邸宅「河原院」を建てたことでも知られている。この邸宅は、河原左大臣亡きあとにも、紀貫之や恵慶法師によって歌に詠まれている。また河原左大臣は、能の『融』でも知られている。

(23) 『小倉百人一首』の歌に関しては、乱れ模様と心の乱れを掛けているほか、「忍ぶ恋」と「しのぶもぢずり」を掛け、思い「初め」と「染め」を掛けているという解釈（有吉、一九八三）もある。

(24) 阿部（一九七九）の語釈を参照した。

(25) ただし、この段は後から書き加えられたという説もある。

(26) 文知摺観音・普門院。「もちずり石の伝説」(https://antouin.com/about/fumonin.html)、（二〇一九年三月五日アクセス）。および御担当の方からお伺いしたお話による。

(27) 文知摺観音・普門院「もちずり石の伝説」（注26と同様）と御担当の方からお伺いしたお話による。

(28) 久富の現代語訳および語釈を参照した。

(29) 久富の現代語訳を参照した。

(30) 久富の解説を参照した。

(31) 福島市勢要覧資料編「市史年表」四―六ページ。(http://is2.sss.fukushima-u.ac.jp/fks-db/txt/10001.001/siryo/html/00004.html)、（二〇一九年三月五日アクセス）。

(32) 一九七九年のことである。注31同様、福島市勢要覧資料編「市史年表」を参照した。

(33) 製造会社の方からお伺いしたお話による。

(34) 福島市の小学校の図書室に配架された本である。この本には、源融と虎女の話だけでなく、それよりさらに昔のもちずり石の話や、芭蕉の話も記されている。この本は、現在も小学校の図書室に配架されているという。

(35) 地元の方からお伺いしたお話による。

(36) 福島市ご出身の方からお伺いしたお話による。ただし、もちずり石より文知摺観音の方が印象に残っているということであった。

(37) 福島市「福島市総合計画の策定に向けて市民アンケート調査を実施しました【平成二〇年度】」(https://www.city.fukushima.fukushima.jp/seisaku-chousei-sougou/shise/kekaku/sogokekaku/149.html)、(二〇一九年三月五日アクセス)

(38) 最も多かった回答は「自然が豊かである」(二四・七パーセント)であり、次に多かった回答は「果物・農産物が豊富である」(二三・〇パーセント)だった。なお、一〇歳代の回答は他の年齢層の回答とは少し異なっているが、回答者数が少ないため(二九名)、傾向を読み取ることは難しいと思われる。

(39) 最も多かった回答は「自然災害が少ない」(五〇・八パーセント)であり、次に多かった回答は「豊かな自然環境」四八・七パーセント)だった。

(40) 注37と同じ資料内に比較対象として示されていたデータを参照した。なお、この調査は平成三〇年度も実施されているが、以前の調査とは選択肢が若干異なっており、特産品や観光資源に関する選択肢が含まれていなかったため、本書では取り上げない。

(41) 前述のワグナー(Wagner, 1999)も、感性的経験においては、注意は選択的であると論じているが、ワグナーによれば、感性的経験は受け身状態から始まるとされる。ワグナーの論考では、消費者は、その後自らの美への欲求に合う質(感性的質)に対して選択的に注意を払うということが論じられており、ここで論じる選択的注意とは異なる。

(42) 意思決定研究における「フレーム」および「フレーミング」とは異なる。

(43) 「実験参加者」とした部分は「被験者(subject)」だったが、近年は「実験参加者」と書かれるのが一般的であるため、「実験参加者」とした。本書で紹介する他の研究についても同様である。

(44) 例えば、ブレイディ(Brady, 2003)や、青田(二〇一七)が、環境美学において先駆的で影響力の大きい論考としてヘプバーンの論考を紹介している。

(45) ただし、ヘプバーンは、全ての芸術作品にフレームがあると言っているのではないとことわっている。

(46) フレームの問題については、日常美学を掲げるサイトウ(Saito, 2007)も論じている。しかしサイトウは、芸術作品以外はフレームがないということを指摘しているのであり、知覚者が能動的にフレームを設定することについては論じていない。

第3章

事物の知覚から生じる情趣

明かりから空想が生じてくる？ ——私もご一緒に
(詳しくは101ページ)

この章では、情趣を感じさせやすい事物とはどのようなものかを論じていく。まず、**情趣経験の理論化の試み**（1節）について述べる。ここでは、消費の美学の理論的基盤となっている**ヴント＝バーライン**の概念モデルを出発点とし、仮説的な「**趣曲線**」を掲げる。1節ではこの趣曲線を念頭に置いて、**刺激強度と情趣の関係**について、**秋の虫の音**を例として説明する。次に、**暗さの中の明かり**（2節）を取り上げる。続く3節では、知覚対象の動きと情趣の関係について考える。ここでは**落日と落雁**に着目し、**下降運動する対象が醸し出す情趣**について論じる。そして本章の最後では、香りの問題を取り上げ、**ほのかな香り**（4節）と情趣の関係について、消費の美学の視点から論じる。

1節　情趣経験の理論化の試み

（1）ヴント＝バーライン曲線に基づく快楽経験の説明

ホルブルック（Holbrook, 1980）が考えた消費の美学研究の理論的基盤は、心理学者バーライン（e.g., Berlyne, 1967, 1971, 1974）の「**新実験美学**」にある。新実験美学というのは、かつてドイツのフェヒナー（Gustav Theodor Fechner, 1801–1887）が掲げた「**実験美学**」をバーラインが引き継ぎ、発展させたものである。実験美学とは、知覚した対象を気に入るという現象について、科学的法則を求める学問領域である。フェヒナーは、『美学入門』（Vorschule der Aesthetik）（Fechner, 1876/ 1898/ 2013b）を著した。この著作の中でフェヒナーは、中程度の覚醒を生じる対象が最も好まれるという「感性的（美的）中央の原理」（Princip der esthetischen Mitte）を掲げている。また、閾値（ここでは、弁別閾ではなく絶対閾[1]を指す）の問題や、昔から美の基準として掲げられてきた黄金分割の問題についても検討した。ただし、バーライン（Berlyne, 1971）が指摘しているように、フェヒナーの『美学入門』の中身は主として理論的であり、実験結果の紹介が中心になっているわけではない。

閾値の問題についても、フェヒナー自身は実験結果を示しているわけではない。だが、フェヒナーの原理を裏づけるための実験をマーティン（Martin, 1906）が行っている[2]。そして、かろうじて知覚できるような弱い刺激（知覚対象）は感情に影響を及ぼさないというキュルペ（Külpe, 1893/ 1998）の指摘通り、感性の絶対閾（æsthetic threshold）は、感覚の絶対閾（sensation threshold）とは一致せず、これを上回るということを明らかにした。マーティンが行ったのは、七人の人に対して一ミリから五〇センチまで直径を変えて円を提示し、それぞれについて好き・嫌いの程度を答えてもらう実験だが、直径一ミリの円に対しては全員が、また直径二ミリから四ミリまでの円に対しては四人が、好きとも嫌いとも答えられなかったのである。

黄金分割の問題については、フェヒナー自身が、縦横の比率の異なる様々な長方形を男性二二八人と女性一一九人に提示する実験によって検証している（Fechner, 1876/ 1897/ 2013a, Fechner, 1876/ 1997）。この実験では、縦横の比率が黄金比（1：1.61803……）になっている長方形が最も多くの人（男性のうちの三四・五〇パーセントと女性のうちの三五・八三パーセント）に好まれ、次いで黄金比に近い比率になっている長方形が多くの人に好まれた。

しかしながら、バーラインはこうしたフェヒナーの実験美学の立場を最初から前面に掲げていたわけではなかった。バーラインの理論の直接の源泉は、実験心理学の創始者とされるドイツのヴント（Wilhelm Wundt, 1832–1920）が考えた概念モデル（Wundt, 1874/ 1902/ 2017）である（図3−1の点線の曲線）。図の横軸は刺激の強度あるいは感覚の強度を示し、縦軸は快・不快の感情の程度を示す。ａは絶対閾である。ヴントの概念モデルによって示されるのは、刺激の強度が絶対閾に達すると、無限に小さい快の感情が生じ、刺激の強度が適度なレベルに達したときに（図中のｃにあるときに）快の感情の程度が最も高くなるということである。このモデルでは、刺激強度は低すぎると充分な快楽をもたらさないが、高すぎると不快に転じるということが示されている。これについてバーライン（Berlyne, 1971）は、前述のフェヒナーの「感性的（美的）中央の原理」とヴントの概念モデルの考え方が類似していることは注目すべきであると論じている。

ヴントのモデルは刺激強度と快・不快の感情の関係を説明するものであり、フェヒナーの原理は対象によって生じる覚醒の程度と感性的（美的）好ましさの関係を説明するものであるから、同じ変数を取り上げているわけではないのだが、両者を基盤とするバーラインの視点からとらえると、類似しているということになるのだろう。

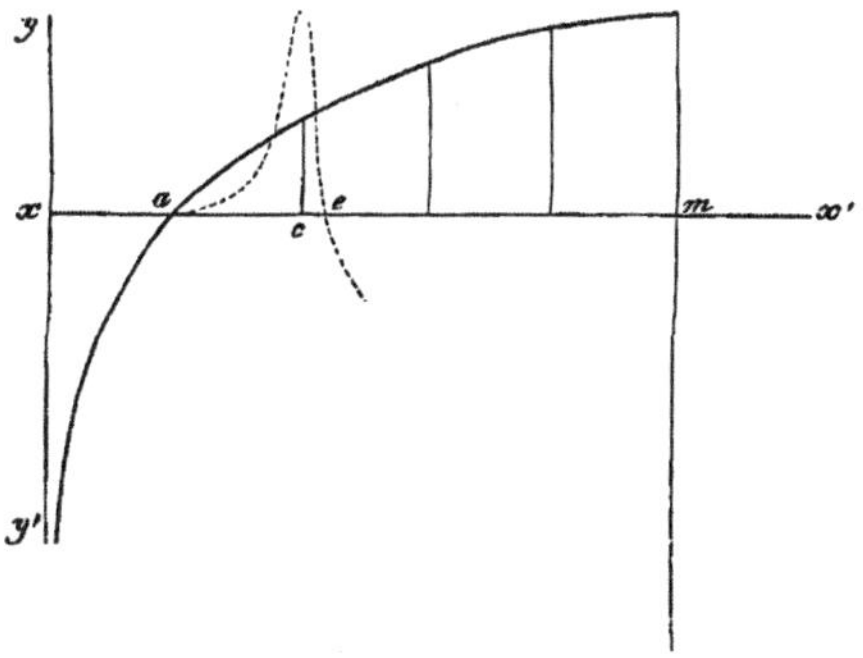

図３－１　感覚強度と快・不快感情の関係を表す曲線

（Wundt, 1902, p. 312, Fig. 231）（Forgotten Books edition, Forgotten Books, London より許可を得て転載）

筆者注：点線は快・不快の程度を表す曲線であり、実線は知覚される強度を表す曲線である。

バーライン（Berlyne, 1967, 1971）が概観しているように、本当にヴントが考えたような曲線関係があるのかどうかについて、その後多くの研究者たちが様々な刺激を用いて実験を行ってきた。バーラインもそうした人々の中の一人として位置づけることが可能である。ただしバーラインは、感覚の実験としてではなく実験美学の視点からこの曲線を用いるようになっていった(3)。また、刺激強度の代わりに、「覚醒ポテンシャル」（“arousal potential,” Berlyne, 1960/ 2014, 1967, 1971）という概念を導入することによって、この曲線の適用範囲を広げた。[4] 覚醒ポテンシャルとは、知覚者の覚醒水準（「脳を含む神経系がどの程度活発に働いているか」（谷口、二〇〇二、一二八ページ）を表す概念）を変えるような刺激特性（知覚者側に存在する変数ではなく、刺激側の変数）のことである。覚醒ポテンシャルについてバーライン（Berlyne, 1971）は、注意を喚起する程度のようなものであるとも説明している。バーライン（e. g., Berlyne, 1967）は、覚醒ポテンシャルを、精神物理学的（心理物理学的）変数、生態学的変数、照合変数（“collative variables”）の三つの変数群から成ると考えた。

精神物理学的変数とは、刺激強度や色、形などのことであり、ヴントの理論を受け継いだものと考えられるが、実際に等間隔の刺激を用意して実験を行うとなると、やや注意が必要である。指標を間隔尺度にするなら、感じ方（感覚強度）は刺激の増加に対して対数関数を描くというウエーバー＝フェヒナーの法則に基づいて刺激の値を対数変換する必要があるが、指標を比例尺度にするなら、感じ方は刺激の増加に対してべき関数を描くというスティーブンスの法則に基づいて刺激の値をべき指数に変換する必要があるからである（Anand & Holbrook, 1986；綾部・杉山、二〇一四）。[5]

生態学的変数というのは、生存の根本にかかわる変数であり（Berlyne, 1967）、主体にとって本質的に報酬をもたらすものか嫌悪を生じるものかを表している。ただしバーライン（Berlyne, 1967）は、この変数については、程度が増すにつれて、不快から快へ、快から不快へと転じないような刺激、つまり、ずっと快、あるいは、ずっと不快であり続けるような刺激が存在する可能性があると述べている。

照合変数というのは、今経験している刺激と以前別の場所で経験した刺激との類似性と差違や、要素間の類似性と差異等に依存する変数（Berlyne, 1960/ 2014, 1967）のことであり、刺激の構造上の複雑さや新奇性等を指す。バーライン（Berlyne, 1967, 1974）によれば、照合変数は、情報理論の観点からも説明できる。例えば、新奇性は情報量の多さや複雑さと関連し、変わりやすさは不確かさと関連する（Berlyne, 1974）といった具合である。

バーライン（Berlyne, 1974）によれば、覚醒ポテンシャルは、高すぎず低すぎず、ほどほどであるとき、最大の快楽が経験される。横軸に覚醒ポテンシャルをとり、縦軸に快楽の程度をとると、上がってから下がる逆U字型のカーブ（以下では総称として「快楽曲線」と表記する）が描かれる（図3-2（1）の領域A・B・C）。覚醒ポテンシャルが過剰になると、快楽曲線は不快の領域に突入する（図3-2（1）の領域C）。消費の美学を掲げたホルブルック（Holbrook, 1980）も、この曲線に基づく曲線形のモデルを描いている（図3-2（2））。ホルブルックのモデルでは、グラフの横軸は、複雑さに特化した変数を表しているが、これは覚醒ポテンシャルに含まれるため、ホルブルックのモデルはバーラインのモデルと同様と言える。このような曲線は、後の研究者たちから「ヴント／バーライン曲線」（Sluckin, Colman, & Hargreaves, 1980）、「バーラインの〝ヴント曲線〟」（Holbrook, 1980）などと呼ばれている。本書では、「ヴント＝バーライン曲線」と記す。[7]

なお、バーラインのこの考え方に対しては、後に、モデル通りの曲線関係が示されないという報告

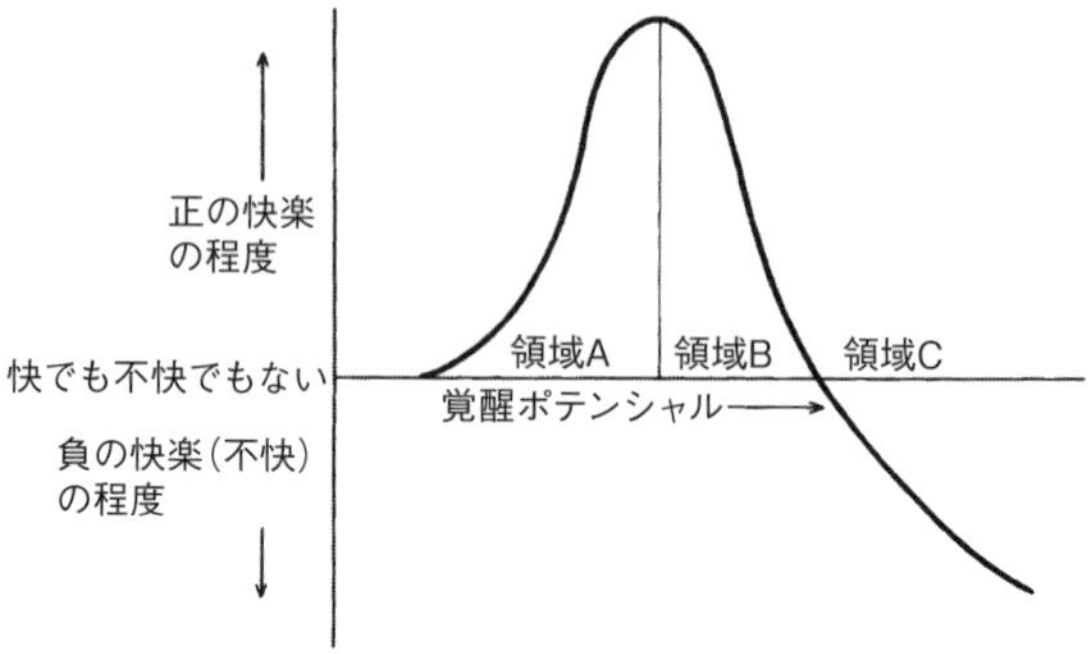

図3－2（1） バーラインによって再解釈されたヴント曲線

（Berlyne, 1973, p.19, Fig. 1－3）
Reprinted from Pleasure, Reward, Preference, D. E. Berlyne, The Vicissitudes of Aplopathematic and Thelematoscopic Pneumatology (or The Hydrography of Hedonism), p.19, 1973, with permission from Elsevier

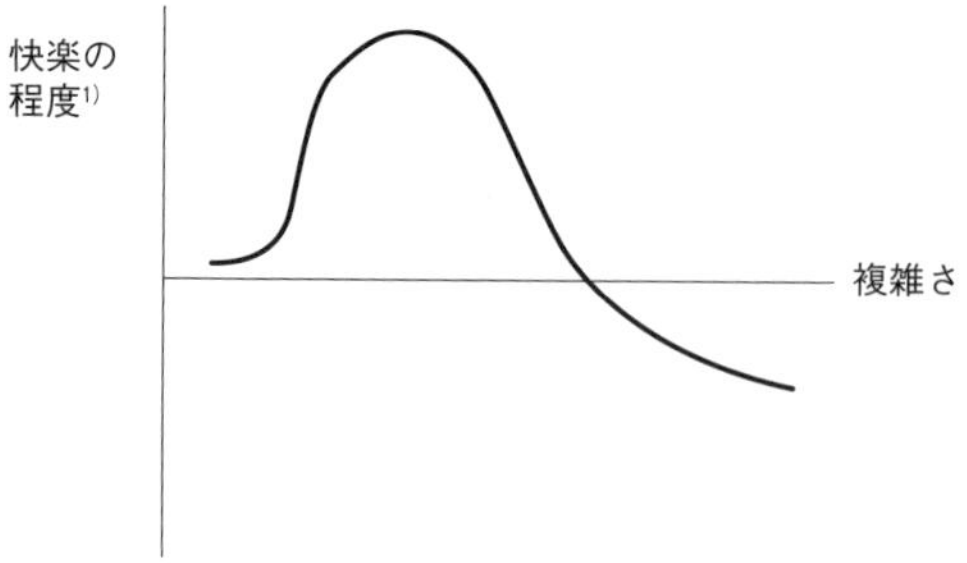

図3－2（2） 複雑さを快楽の程度に関係づける
バーラインの“ヴント曲線”

Republished with permission of Association for Consumer Research, from CASE 1 : THE BERLYNIAN "WUNDT CURVE" RELATING COMPLEXITY TO HEDONIC VALUE, Holbrook, Morris B., Advances in Consumer Research, Volume 7, p.105, 1980 ; permission conveyed through Copyright Clearance Center Inc.

筆者注：1）原語は“hedonic value”である。

や、精神生物学的には正しくないという批判（Silvia, 2005）、覚醒の観点ではなく、できごとに対する認知的評価の観点から感情を説明すべきであるという批判（Silvia, 2005）等が出されている。しかしバーラインの考え方は根底から覆されることはなく、受け継がれている。特に、新奇性や複雑さが重要な要因になるということは、バーラインの説を批判する論者からも認められている。そして近年も、ヴント＝バーライン曲線を支持する結果が導かれた研究（Chmiel & Schubert, 2017）や、覚醒ポテンシャルが選好に及ぼす影響を明らかにした研究（Buechel & Townsend, 2018）が報告されている。

（2）ヴント＝バーライン曲線の変形

ヴント＝バーライン曲線は長期にわたって様々な分野で引用されており、その変形バージョンが言及されることはあまり多くない。だがバーライン自身は、どのような種類の快楽も同じ形の曲線を描くと主張していたわけではない。

バーラインとブーデヴィーン（Berlyne & Boudewijns, 1971）は、複雑さの異なる図形を提示し、心地よさ（pleasingness）、興味（interestedness）、気に入る程度（liking）を測定した。その結果、心地よさと気に入る程度は、ヴント＝バーライン曲線通りの逆U字カーブを描いたが、興味だけは、右肩上がりの曲線になった（図3-3）。刺激の複雑さの程度が高いほど、興味の評定値は上がったのである。

バーライン（Berlyne, 1971）は、個人差や状態による差も無視しているわけではなかった。覚醒水準

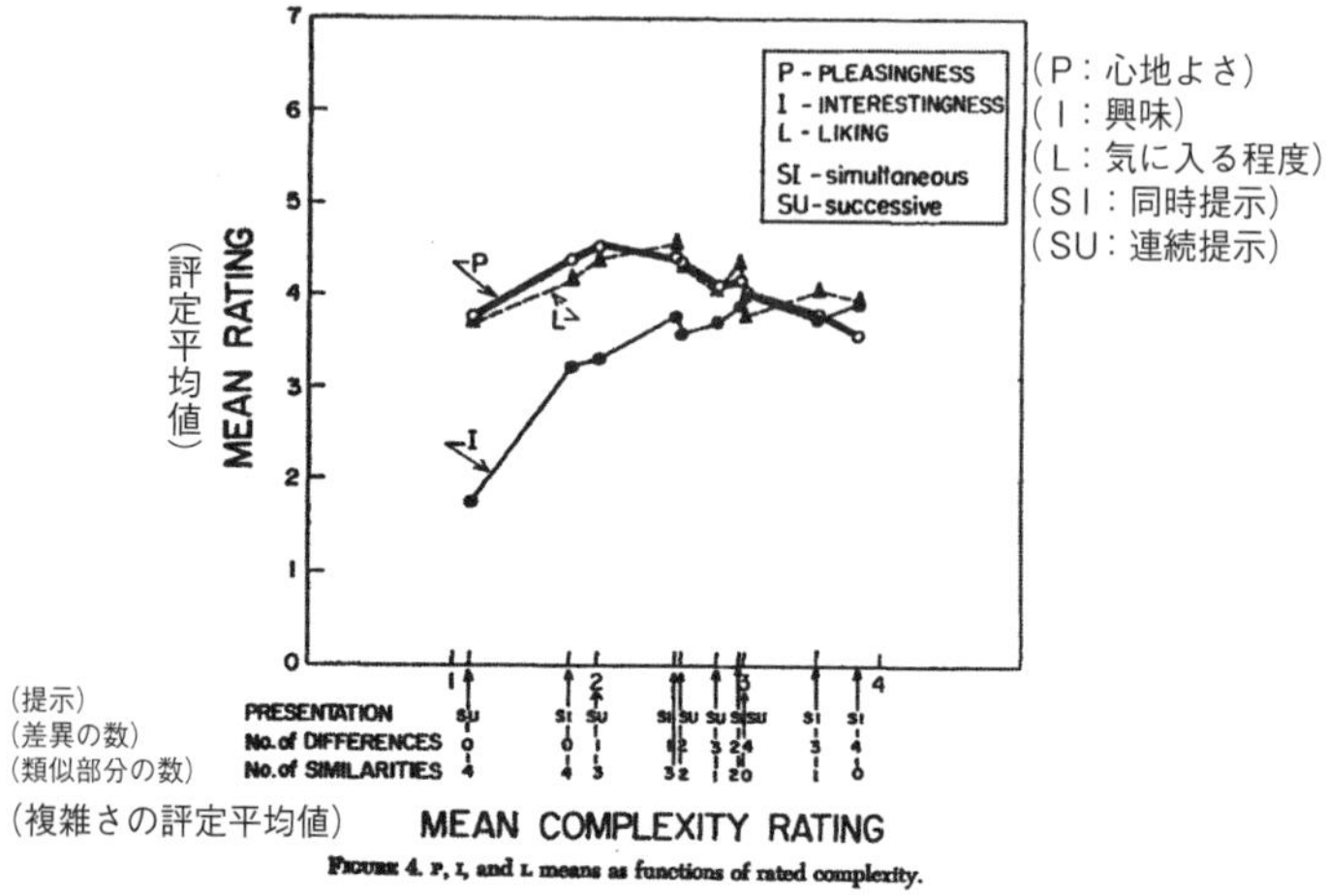

図3－3　複雑さの関数としての心地よさ・興味・気に入る程度

（Berlyne & Boudewijns, 1971, p. 197, Figure 4を転載）*Canadian Journal of Psychology*（*1971, Vol. 25, Issue 3*）*page 204 Copyright ©1971 by the Canadian Psychological Association Inc. Reprinted by permission of the Canadian Psychological Association Inc.*

筆者注：この実験では，図柄の構成要素を同時提示する条件と連続提示する条件がある。複雑さの程度は，構成要素間の差異と類似性の程度によって決まるということが，これより前の実験で確認されている。

が高すぎる状態のときは、覚醒ポテンシャルが平均より低いところに曲線の頂点が位置すると論じている。

一方、アイゼンク（Eysenck, 1973）は、パーソナリティ研究の立場からヴント＝バーライン曲線の妥当性を検討している。そして、パーソナリティ特性の一つである外向性―内向性をこの理論に組み込むことを考えた。アイゼンクの概念モデルによれば、内向的な人にとって最適な覚醒ポテンシャルは相対的に低く、外向的な人にとって最適な覚醒ポテンシャルは相対的に高い。つまり、内向的な人については、平均的なヴント＝バーライン曲線の頂点が左に移動したような形の曲線を描くことができ、外向的な人については、平均的なヴント＝バーライン曲線の頂点が右に移動したような形の曲線を描くことができる。

消費の美学の領域では、アナンドとホルブルック（Anand & Holbrook, 1986）が、曲のテンポを変えて快楽の程度を測定する実験を行ったが[8]、その際、彼らは「全体的な覚醒」という変数（覚醒ポテンシャルとは異なり、消費者側の覚醒の程度を指す）に着目した。彼らは、目を閉じてじっと座って音を聞く条件と、アナグラムをしながら耳を傾ける条件のいずれかに実験参加者を振り分けた。そして、アナグラムをしながら聞く条件（全体的な覚醒の程度が高い条件）では、じっと座って聴く条件（全体的な覚醒の程度が低い条件）と比べて、テンポが速い方に快楽の曲線の頂点が位置づけられることを明らかにした。

これらの他に、ヴント＝バーライン曲線を支持する立場以外の研究でも、覚醒水準と感情の関係について論じたものがある。メニングハウス他（Menninghaus et al., 2019）は、日の出や日没といった自然の眺めの知覚を例にあげ、こうした知覚が覚醒水準の低い肯定的感情を生じることを指摘している。

(3)「趣《おもむき》曲線」の提案

第1章2節で定義したように、本書で論じる情趣とは、広義の「もののあはれ」と同様の美意識である。

感性型快楽の中でも、「美」は完全・完成という性質を備えているのに対し、「もののあはれ」は、

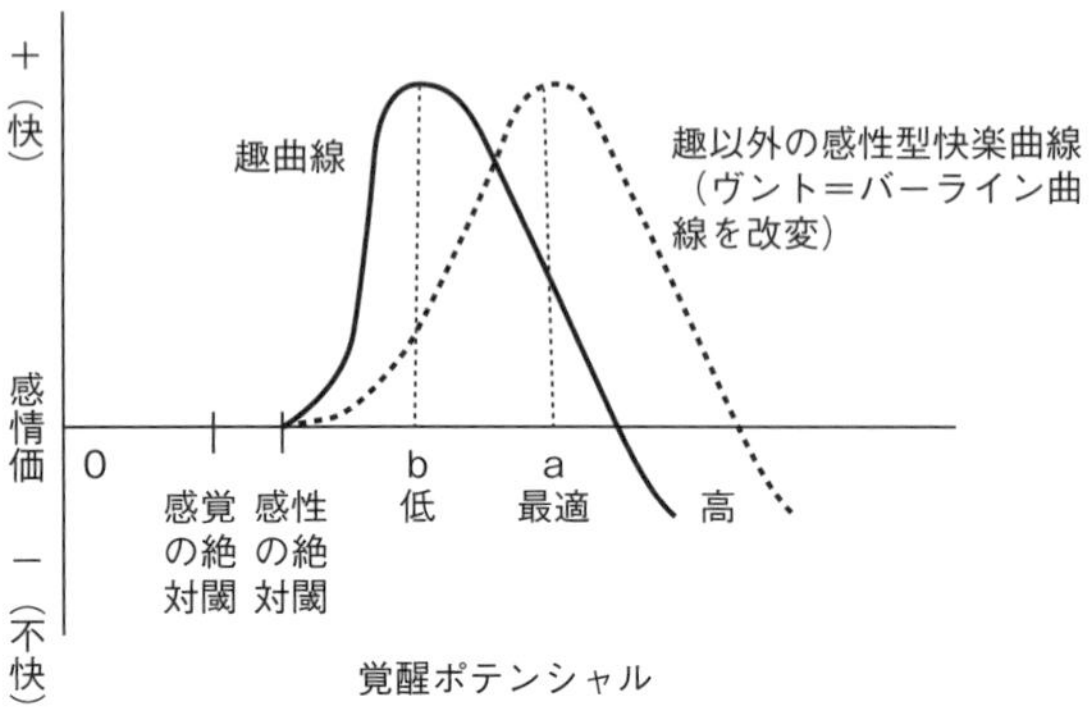

図3－4　趣曲線と趣以外の感性型快楽曲線（ヴント＝バーライン曲線を基盤として筆者が考案したもの）

完全・完成に至っていない事物や消えゆく事物、衰微してゆく事物等に対して生じる美意識と考えられる。そのため、情趣経験に関しては、先に紹介した研究のうち、覚醒水準を低くしたい（覚醒水準が高すぎる）人や内向的な人の場合と似たような曲線を描けると予想できる。

つまり、覚醒ポテンシャルが絶対閾をわずかに超えたぐらいのところ、見やすさや聞き取りやすさという点ではややもどかしさを感じそうなあたりに、頂点が位置づけられるような曲線を考えることができる。ただし、ヴント＝バーライン曲線では、覚醒ポテンシャルが感覚の絶対閾に達した地点から快の感情が生じ始めることを想定していたのに対し、本書では、前述のキュルペの著作と、先に紹介したマーティンの実験結果に基づき、感性の絶対閾から快の感情が生じ始めると考える。(9)

この考えに基づいて描いた快楽曲線が図3－4における実線の曲線である。仮説段階ではあるが、以下ではこの曲線を「**趣《おもむき》曲線**」と呼ぶことにする。縦軸は、快―不快の程度を示すが、これは、しばしば「感情価」と呼ばれるため、ここでも「感情価」と記した。図3-4には、趣曲線の比較対象として、趣以外の感性型快楽に関する曲線（ヴント＝バーライン曲線と形は同じだが、快の感情が生じ始める地点を感性の絶対閾とした）も破線で示してある。

趣曲線において快楽の程度が頂点に達するときの覚醒ポテンシャルbは、趣以外の感性型快楽曲線において快楽の程度が頂点に達するときの覚醒ポテンシャルaより低い。[10] 対象の認識における適度な「足らなさ」が情趣にとっては重要になると考えられる。ここで言う「足らなさ」とは、草薙（一九七三、第1章2節参照）の言う「欠如」や、竹内（二〇〇七、第1章2節参照）の言う「はかなさ」に通じるものである。

曲線が頂点に達するときの覚醒ポテンシャルについて、バーライン（Berlyne, 1971）は、「ほどほどの高さの点」（"a moderately high point," p. 90）としか記していないが、趣以外の感性型快楽曲線が頂点に達するときの覚醒ポテンシャル（図3-4の点a）は、知覚者にとって対象を最も把握しやすい（最も見やすい、最も聞きやすい、最も処理しやすい情報量である等の）程度と言えるだろう。

一方、情趣を感じさせやすい事物は、その事物を最も知覚しやすいとは言えない状態で知覚したときに最も高い快楽を生じると考えられる。

図3-4において趣以外の感性型快楽の曲線が不快側に入っている領域は、覚醒ポテンシャルが過剰になっている領域である。

趣曲線の場合は、覚醒ポテンシャルが過剰になるより前に不快領域に突入してしまうが、これは、嫌悪や苦痛を指すわけではない。情趣という点からとらえるとマイナスになるという意味である。「興醒め」という感じ方もこの領域に属する。例えば、「はじめに」に書いた内容ともつながるが、下町の風情というものを考えた場合に、ある程度までは、ごちゃごちゃした雰囲気も喧噪も快楽を高めることに貢献するが、度を超すと不快になると思われる。少しぐらいごちゃごちゃした街の方が味があると思う人も、歩行者が足の置き場を考えなければならないほど道路に物が転がっていたり汚れたりしている様子を見たら、さすがに興醒めてしまうだろう。

(4) 情趣を感じさせやすい事物と情趣以外の感性型快楽を感じさせやすい事物

図3-4の概念モデルでは、知覚対象を、情趣を感じさせやすい事物か情趣以外の感性型快楽を感じさせやすい事物かに予め分けていた。そうであれば、何をもって覚醒ポテンシャルが最適であると判断するかが対象ごとに違ってしまい、モデルの妥当性を検証するすべがないと思われるかもしれない。しかし、同じ事物が、知覚の仕方次第で、情趣を感じさせるものになったり情趣以外の快楽を感じさせるものになったりすることがある。この点に着目すれば、モデルの妥当性を、検証とまでは行かずとも、推し量ることはできるだろう。

かつて兼好法師は『徒然草』の中で、「花はさかりに、月はくまなきをのみ見るものかは」(永積(校注・訳)、一九八六、一七九ページ)と述べた。これに対して本居宣長(第1章2節参照)は、『玉勝間』「四の巻」(本居(著)、一七九七、村岡(校訂)、一九三四)の「兼好法師が詞のあげつらひ」において批判的見解を示した。宣長によれば、花は盛りを、月はくまなきものを、素直に愛でればよい。そうした心が歌を詠ませるのであり、兼好法師が述べたのは「つくり風流《みやび》」であると宣長は論じた。

本書ではこの対立について文学研究の視点から論じることはできないが[(11)]、双方の意見の食い違いの原因として、情趣を想定しているのか、他の感性型快楽を想定しているのかの違いがあるという可能性をあげておきたい。宣長が想定している花や月の鑑賞には、美しさや華やかさのような感性型快楽が多分に含まれているのではないだろうか。そうであれば、対象を充分に知覚できる状態で鑑賞するときに、感情価が最大になるだろう。このような快楽は、図3-4の情趣以外の感性型快楽曲線（破線の曲線）に当てはめて説明することができる。これに対して兼好法師が想定している快楽は、情趣ではないだろうか。そうであれば、対象を充分に知覚できる状態よりむしろ何かが欠けているぐらいの状態の方が、感情価が高いことになる。兼好法師が考えた快楽は、図3-4の趣曲線（実線の曲線）に当てはめて説明することができる。

日常生活の中で、具体的にどのような事物が情趣を感じさせやすいかは、予め厳密に決まっているわけではない。しかしながら、多くの人にとって情趣を感じさせやすい事物や、多くの人にとって情趣以外の感性型快楽を感じさせやすい事物をあげることは可能だろう。図3-4に示した二つの曲線は、こうしたおおよその分類に基づいている。

以下では、本書で掲げた趣曲線を念頭に置き、具体的な事例の説明を試みる。

(5) 感性的経験の趣曲線への当てはめ——秋の虫の音

日本では、昔から、秋は情趣を感じやすい季節であった。秋というと、紅葉を思い浮かべる人が多いかもしれないが、ここでは、刺激強度という観点から、虫の音に注目してみたい。虫の音を好ましく思うのは日本人特有と言われているため(安藤・赤谷、二〇〇七、穂積・稲垣・福田、二〇〇九)、虫の音から醸し出される情趣が普遍的であるとは言い難いが、かすかな音の効果として他の現象の説明に応用することはできるだろう。

穂積・稲垣・渡部(濃)(二〇〇七)の研究では、虫の音の周波数解析と官能評価が行われている。[12] このうち官能評価に加えて行われたイメージ調査では、虫の音から「秋」や「夜」等をイメージする人が三六パーセント、「田舎」や「月夜」をイメージする人が三三パーセント、「心地よい」や「風情がある」等の音の印象をイメージする人が一八パーセントいたという。[13] この結果をふまえて穂積・稲垣・渡部(濃)は、虫の音は季節感や情景(時刻や風景など)を想起させる傾向があると考察している。

ところが私たちはいつでも秋の虫の音に情趣を感じるかというと、そうではない。武田(忠)(二〇〇四)は、京都の吉田山方面で虫の音を聞いたとき、風流を感じて足を止めたが、聞いていくうちに強烈に聞こえるようになり、「もののあはれ」を感じるどころか、ちょっと怖くなったと述べている。にもかかわらず武田(忠)は、そのあと再び虫の音の情趣を語っている。ただし今度は、集中して聴くのではなく、湯豆腐を食べながら聞いている。[14]

舌でとろりと味わっているところへ、一陣の涼風が舞って、鍋の湯気を吹き払っていく。暮れなずむ庭のあちこちから、虫の音がかすかに聞こえはじめて……。（武田（忠）、二〇〇四、一〇七ページ）

この箇所の記述を本書の立場から読んだとき注目すべきなのは、虫の音がかすかに聞こえ始めたことである。ここから読み取れるのは、かすかに聞こえる状態が最も情趣を感じさせるということではないだろうか。

実証研究による裏付けもある。エンマコオロギとカンタンとスズムシの官能評価（穂積・稲垣・渡部（濃）、二〇〇七）では、エンマコオロギの評価が最も高く、カンタンの評価が相対的に低いことが示された。穂積・稲垣・渡部（濃）によると、エンマコオロギは日本に広く分布しており耳になじんでいるため心地よい印象を生じやすいのではないかということである。

一方、カンタンについては、音の解析結果から、音圧[15]が高く、短い間隔で同じフレーズを繰り返すことが確認されている。一フレーズあたりの平均音圧は、エンマコオロギが五〇・七デシベル、スズムシが五二・三デシベルであったのに対して、カンタンは六七・八デシベルであったという。このことに加えて、カンタンは短い間隔で同じフレーズを繰り返すことや、音の印象に関する官能評価（注12参照）で他の二種より「うるさい」と感じられる程度が高かったことから、あまり心地よく感じられなかったのではないかと彼らは考察している。

ここで試しに虫の音の音圧を他の生活音と比較してみると、音圧に詳しくなくても、この研究の結果を理解しやすくなる。「騒音値の基準と目安」[16]によると、家庭用クーラーや換気扇が五〇デシベルである。これに対して普通の会話は六〇デシベル、やかんの沸騰音は七〇デシベルとなっている。そうすると、評価の高かったエンマコオロギのボリュームは換気扇程度ということになり、決して大きな聴覚的刺激ではないと言える。カンタンとの比較からは、小さい音の方が高く評価されていたことがわかる。

もっとも、周波数やチャープ[17]によっても虫の音の評価は変わってくる（穂積・稲垣・福田、二〇〇九）。また、エンマコオロギの音は「コロコロコロ……」などと表記されることが多く、こうした聞こえ方も音の評価に影響を及ぼしている可能性がある。穂積・稲垣・渡部（濃）（二〇〇七）が考察しているように、音に対する馴染みの程度も関係してくると考えられる。とはいえ、実証研究においても、虫の音はかすかに聞こえる程度のときに情趣を感じさせやすいということが示唆された。これは、先に掲げた仮説的な趣曲線（図3―4）に当てはめて説明できる現象と言えるだろう。

2節　暗さの中の明かり

(1) 日常生活の中の明かり

暗さの中の明かりは、暗い場所で人々が作業をすることを助けるための道具となる。そうであれば、問題解決型消費者行動に影響を及ぼす要因ということになる。実際のところ、明かりが覚醒水準や作業成績に及ぼす影響を調べた研究（例えば、山田（覚）・師岡、一九八八）もある。しかし、明かりは純粋に鑑賞の対象となることもある。

鑑賞の対象としての明かり、あるいは鑑賞の対象を照らす存在としての明かりは、きらびやかな印象や派手な印象を生じることもあるが、情趣を醸し出すこともある。

日常生活の中で風情を感じさせやすいものを明らかにするための一つの試みとして以前筆者が行った俳句の季語分析（堀内、二〇〇九）[18]では、「灯」ということばがどの季節にも用いられていることがわかった。[19]「春の灯」「春灯《はるともし・しゅんとう》」、「冬の灯」、「冬灯《ふゆともし》・寒灯《かんとう》」といった具合である。このことから拙稿では、灯は、夜店の裸電球であれ、卓上スタンドが放つ光であれ、四季折々に風情を醸し出すのであろうと考察した。暗さの中で対象がぼんやりと浮かび上がると、童話の世界のような空想が生じてくることもあると思われるが（第3章扉挿絵）、目の前にある対象の趣が深められることもあるだろう。

では、手元や机の上を照らすような至近距離の明かりではなく、街中や住宅地における明かりはどうだろうか。道や通路を照らすという役目を担ってはいても、それだけではないだろう。ひっそりとした路地裏の居酒屋の赤提灯が目に入れば、哀感が漂っていると感じられるかもしれない。また昔ながらの青果店や鮮魚店の店先に吊るされた裸電球などは、ノスタルジックなものとして映りやすいだろう。

時代が遡るが、永井荷風は、散策記『日和下駄』（一九一五／一九八六）の中で、様々な明かりに言及している。「夜になって此方は真暗な路地裏から表通の燈火を見るが如きはいわずともまた別様《べつよう》の興趣がある」（六一ページ）、「坂の眺望にして最も絵画的なるは紺色なす秋の夕靄《ゆうもや》の中《うち》より人家の灯《ひ》のうちつく頃」（九三ページ）といった具合である。

さらに遡ると、江戸時代の俳人・画家の与謝蕪村の《夜色楼台図》（安永七年＝一七七八年―天明三年頃＝一七八三年頃）を例としてあげることができる。墨と胡粉《ごふん》[20]で雪の積もる京の夜の街並みを表現した作品だが（早川（聞）、一九九四）、民家に明かりが灯っていることがわかる。これについて早川（聞）は、家の壁面に代赭《たいしゃ》[21]が点じられており、窓からもれる灯火を示していると解説している。

また、モーリシャス島生まれのフランスの画家ル・シダネル（Henri Le Sidaner, 1862-1939）は、風景画やバラの花の絵で知られているが、風景画については、人物のいない街中に弱い明かりが灯っている様子をしばしば描いた（古谷（可）、二〇一一）。古谷（可）は、ル・シダネルのこうした作品について、「人の気配と温かさを感じさせる」（一二一ページ）と論じている。例えば、《雪》（一九〇一）という作品では、雪で覆われた広場の向こうにある家々のうちの一軒の窓からだけ、橙色の光がこぼれている。武田（信）（二〇一八―二〇二〇）によれば、静かで地味な風景の中で、唯一強い色味を持つのがこの橙色の光ということである。

これらの文学作品や絵画作品からは、静かで薄暗い住宅地に浮かび上がる暖色系の明かりが情趣を感じさせやすいことがわかると同時に、こうした情趣は時代や文化をある程度隔ててもさほど変わらないということがうかがわれる。

(2) 都市における遠方の明かり

明かりに関するこれまでの研究から、都市の夜景は様々な快楽をもたらすということがわかっている。環境心理学の分野では、日中の都市の風景写真・日中の自然の風景写真・都市の夜景写真を示し、印象の違いを検討した研究(Nasar & Terzano, 2010)がある。この研究では、日中の自然の風景写真と夜間の都市の風景写真の心地よさの間には、統計的に有意な差がなかった。しかし、写真フレームに入れて置いておくために一つ選ぶという状況を想定してもらったところ、都市の夜景写真を選ぶ人が最も多かった。選んだ理由を尋ねると、都市の夜景写真を選んだ人は、ワクワクするという選択肢を選ぶことが多かったのに対し、日中の自然の風景写真を選んだ人は、くつろげる感じがするという選択肢や平穏であるという選択肢を選ぶことが多かった。さらに、各風景写真の特徴のとらえ方を尋ねたところ、都市の夜景写真は日中の都市の風景写真に比べて、複雑であり、混沌としていると評価されていた[22]。また、日中の自然の風景写真は日中の都市の風景写真に比べて、人工的でなく、曲線的であり、開かれており、整然としており(混沌としておらず)、シンプルであり(複雑さが低く)、変化がなめらかであると評価されていた。

夜景の中でも臨海工業地帯の夜景に特化した研究もある。岡田(昌)・福部(二〇一二)は、堺泉北臨海工業地帯の昼景・夜景に関する文章や写真を含むブログ二四一件の内容を分析した。そして、文章の分析から、「幻想的」と記してあるものが昼景・夜景の別を問わず五パーセント前後あることと、その景観に映画やアニメなどの「別世界」を投影しているものが夜景に多いことを見出している。[(23)]

一方、感性情報処理の視点から行われた研究もある。佐々木（康）・坂東（二〇一四）は、夜景写真をもとに、光点のサイズの異なる刺激を作成した。そして、各画像について、印象を答えてもらった。その結果、「美しい」、「綺麗な」という評価は、光点のサイズと線形の負の相関を示したという。小さくなるほど美しくきれいであると感じられたのである。「幻想的」という評価も、全体的には光点のサイズが増すと減少したが、減少のしかたは「美しい」や「綺麗な」に比べて緩やかだったうえ、六〇ミリ以上では若干の増加が見られたということである。

これらの研究から得られた知見を総合すると、夜景によって得られる快楽には、感覚依存型のものもあれば感性型のものもあると言える。前述のネイサーとターザノの研究では、都市の夜景は「ワクワクする」と評価されていたため、主として感覚依存型快楽をもたらすと考えられる。彼らは、都市の夜景の評価は、覚醒水準を上げたいという欲求と関係していると論じている。

一方、佐々木（康）・坂東の研究で明らかにされた「美しい」、「綺麗な」、「幻想的」という評価は感性型快楽を表していると言える。幻想性が重要であることは、岡田（昌）・福部の研究でも見出されている。夜景が幻想性と結びつきやすいことは、暗さの中の明かりならではの情趣の特徴と言えそうである。つまり、明かりが強すぎないことだけでなく、幻想を生じやすいことが、都市の夜景の趣

図3－5（1）　夏の夕方の東京駅
（筆者撮影）

図3－5（2）　夏の夜の東京駅
（筆者撮影）

を醸し出していると考えられる。

（3）都市における近距離の明かり

知覚者の近くに存在し、もう少し細部まで見える光はどうだろうか。身近な例として、建物や広場について考えてみたい。私たちは、見慣れた建物が夜の暗がりの中で光を浴びて浮かび上がるのを見るとき、ふと情趣を感じることがあるのではないだろうか。図3－5（1）（カバー表袖にカラー写真掲載）と図3－5（2）（カバー裏袖にカラー写真掲載）は共に同じ夏の日にほぼ同じ位置から東京駅の駅舎を撮ったものである。

図3－5（1）は夕方に太陽光のもとで撮ったものであり、図3－5（2）は夜に撮ったものである。建物自体は同じ

なのに明かりが異なると印象も違ってくる。夜の写真は全体的に不明瞭になるうえ、人影もまばらであるから、刺激強度が弱くなっている。先に紹介した都市の夜景研究では、夜景は光源が多いため「ワクワクする」と評価されていたわけだが、建物付近から眺める場合は、たくさんの光源が視野に収まるわけではなくなる。辺り一帯がきらきらと輝いて見えるのではないため、ワクワクするという印象はおそらく生じないだろう。

照明に関するハンドブックには、景観照明の設備について、「細かい明暗の変化が生じ、輪郭が明瞭になるような照明を考えるといい」（稲森、二〇〇六、三八三ページ）と記されている。ここで言う「いい」とは、使い勝手の良さではなく、「美しさ」や「好ましさ」のことである。この考え方を当てはめると、夜間の図3－5（2）は、辺りの明るい図3－5（1）と比べて、明暗の差がはっきりしている。しかし周囲は暗いのであるから、輪郭は不明瞭である。美しさという点では、プラスになる要素とマイナスになる要素を兼ね備え得ていると言える。では、情趣という点ではどうだろう。夜間は、駅舎全体がはっきりわかるように照らされている場合と比べて覚醒ポテンシャルは低めであるため、情趣が感じられる程度は強いと推測できる。

もう一度先ほどの写真の細部を見てみたい。図3－5（1）では、駅舎中央の屋根のすぐ上に、隣接する高層ビルの頂部が見えるが、図3－5（2）ではこのビルと駅舎の境界線がはっきり見えない。夜の闇に溶け込んでしまっているかのようである。図3－5（2）を眺めるときは、駅舎の最上階に特別な部屋があり、明かりが灯されているという錯覚を起こしかねない。実際には、ビルの頂部がガラスのカーテンウォールになっており、対になっているもう一つのビル（写真には含まれていない）と共にライトアップをしているという。[24] しかし、駅舎の最上階ではないとわかってもなお、借景（第4章2節参照）を眺めるときのように眺めることができそうである。[25] そしてこうした曖昧な知覚が合わさると、幻想を生じやすくなり、夜景ならではの情趣が生じてくると考えられる。

3節　落日と落雁
——下降運動する対象が醸し出す情趣

（1）動きの知覚と情趣

事物の動きを知覚することもまた、情趣を生じることがある。バーライン自身は事物の動きについては論じていないが、事物の動きは、バーラインの言う構造上の複雑さや新奇性、あるいは刺激強度等の変数とかかわってくると考えられる。

レイコフとジョンソン（Lakoff & Jonson, 1999）は、できごとや状態は身体の位置や運動によって比喩的に表されると論じた。彼らは、垂直方向の概念メタファーとして、「うれしい」は上方の領域で表され、「悲しい」は下方の領域で表されると論じている。これをふまえてカササントとダイクストラ（Casasanto & Dijkstra, 2010）は、大学生を実験参加者として記憶の実験を行った。そして彼らは、良いできごとを思い出すときは手を上げる動作を伴うと早く思い出し、悪いできごとを思い出すときは手を下げる動作[26]を伴うと早く思い出すことなどを明らかにした。そして、「モーションからエモーションへ」(p. 179)（運動知覚から情動（感情）へ）というつながりがあると指摘した。

このような運動メタファーの問題に関しては、日本でも研究が行われている。上方への運動は喜びを表し、下方への運動は悲しさを表していると感じられるということが、映像メディア研究（富川・尾田、二〇〇九）や感性工学の研究（興梠木・松田（憲）・楠見、二〇一八）によって明らかにされているのである。これらの研究における悲しさは、自分自身がかかわっていることから生じてはいないため、第三者的な立場から感じられるもの悲しさに近いと言えるだろう。

もっとも、下降運動といっても、遊園地の急降下タイプのアトラクション（乗るのではなく外から眺める場合）や、キャッチボールのときに落ちてくるボール、下向きに流れ出る水道水などを見ても、もの悲しさは感じられそうにない。これらの運動は複雑さに欠け、覚醒ポテンシャルが低すぎると考えられる。以下では、単純とは言えない下降運動の例として、秋の落日と秋・冬の落雁を取り上げ、説明を試みる。

(2) 秋の日の「つるべ落とし」[27]

「秋の日はつるべ落とし」ということばがある。秋の日は井戸につるべを落とすかのようにまっすぐ早く落ちるということを意味しているが、実際には、日没後の薄明かりの継続時間は秋分と春分では同じである。また東京で観測した場合、春分・秋分に太陽が地平線に沈む角度は五四度二一分であり、垂直とはかなりの差がある（佐藤（明）、二〇〇八）[28]。にもかかわらず私たちは専ら秋に注目し、情趣あふれる光景として落日を鑑賞してきたのである。

朝日新聞（二〇〇六）の記事によると、この表現が初めて用いられたのは、江戸時代中期の歌舞伎の脚本であった。ただし、秋の日ではなく冬の日と書かれていたという。当時は旧暦であるから、冬とするのが妥当とのことである。

ところが、一八六二年初演の歌舞伎の脚本には既に「秋の日はつるべ落とし」という表現が見られるという。日本では明治五年一二月三日が明治六年＝一八七六年一月一日になったのであるから、この時点ではまだ旧暦のはずである。この点について、朝日新聞の記事には、誇張して繰り上げたのかもしれないとあるが（ことわざ研究家時田昌瑞さんのお話として掲載されている）、ではなぜ誇張すると繰り下げではなく繰り上げになるのかを考えてみる必要があるだろう。

「三夕の歌」にあるように、日本では「秋の夕暮れ」は深い趣のある季節・時間帯として受け止められてきた（「おわりに」参照）。秋も夕暮れも、勢いが弱まっていく方向への変化が知覚される季節・時間帯であるから、下降運動とイメージがつながりやすいのだろう。

もっとも、第1章2節で述べたように、冬の枯野は洋の東西を問わず哀感を表すということであり（大石、二〇〇三）、冬の風景にも情趣はあると考えられる。したがって秋の夕暮れの趣は、下降運動という要因だけではおそらく説明しきれないだろう。秋の夕暮れの趣を充分に説明するためには、消費の意味研究（第1章　図1−2）や、認知的評価の視点（本章1節参照）が必要になってくるのかもしれない。

（3）落雁が醸し出す情趣

かつての日本では、冬鳥である雁の群れが夕暮れに空から降りてくる様子があちこちで見られたようである。この様子は風景画にも描かれてきた。だが、風景画作品に表現された落雁は現実の落雁とはいささか異なっている。ここではこの点について情趣の視点から考えてみたい。

まず、実際の落雁について、宮城県伊豆沼サンクチュアリセンターの専門家にお聞きしたことに基づいて以下に簡単に説明する。[29]伊豆沼は現在でも雁の群れを見ることのできる場所である。[30]

日本に飛来する雁の多くはマガンである。毎日夜明けとともに餌を求めてねぐらから飛び立ち、日の入りとともにねぐらに戻ってくる。餌は落ち籾などであり、ねぐらは湿地などである。夜間はこのような場所にいればキツネなどの天敵から身を守ることができる。

日中のマガンは家族などの集団で飛んでいる。飛び立つときは一斉であるが、安定飛行状態では、V字や一文字などの編隊を組んでいる。こうすることによって空気の抵抗を少なくしているということである。[31]ただし先頭の雁のエネルギー消費が激しいため、時々先頭が入れ替わるという。

雁たちは、日没時前後三〇分程度の間にねぐらへと移動する。図3−6は、月が目立ち始めた時刻に雁の群れが移動する様子を写したものである。図3−6の上空を飛んでいる雁の群れは、まだ降りる態勢になっておらず、編隊を組んでいる。ある程度下がるところまでは編隊を組んだままである。しかし水面近くまで降りてくると、もはや編隊を組んでいない（図3-6の中央から下の部分）。バランスを崩して落ちるかのごとく、片方の羽を垂直に近い角度でくるりと上げ、もう片方の羽をくるりと下げる。急降下する際のこの独特の飛び方は「落雁」と呼ばれる。(32)

ところが、日本の風景画に描かれてきた「落雁」は、くるりと羽を返す瞬間の姿ではないのであり、生物学的な事実とは一致しない。歴史を遡ってみるとこのことがわかる。

図3－6　宮城県伊豆沼の落雁（筆者撮影）

日本の風景画に影響を及ぼした作品の中に、中国で描かれた多数の《瀟湘八景図》がある。これは、中国の湖南省の風光明媚な風景（特定の場所ではなく広い地域の風景である）を描いた作品であり、北宋時代（九六〇―一一二七年）の宋迪《そうてき》が創始者とされる（例えば、渡辺（明）、一九七六）。「遠浦帰帆」、「江天暮雪」、「洞庭秋月」等、合計八つの画題があった。そして八景の中の一つに、「平沙落雁」という画題のつけられた風景がある。

日本にもたらされた《瀟湘八景図》のうち、初期のものとしては、一山一寧（正安元年＝一二九九年に来日）の賛が添えられた思堪《したん》の作品がある（堀川、一九

図３–７　狩野山雪（17世紀）《瀟湘八景図屏風》（部分）（東京国立博物館蔵, Image:TNM Image Archives）

八九）。この作品における「平沙落雁」は、斜め下向きに連なる雁の群れによって表されている。[33] また牧谿《もっけい》が描いたとされる「平沙落雁」の雁は、さほど下降していないが、横向きにＶ字型に連なっている。[34]

その後、日本でも様々な瀟湘八景が描かれるようになったが、ほとんどの場合、「平沙落雁」における雁は下向きの編隊あるいは斜めのＶ字などの編隊を組んで飛んでいる。例えば、一七世紀の狩野派の絵師、狩野山雪の《瀟湘八景図屏風》の中の落雁の部分（図３–７、画中の山の手前）では、雁の群れが横にＶ字を組み合わせた編隊を組んで飛んでいる様子が描かれている。

日本では、《瀟湘八景》だけでなく、《博多八景》や《近江八景》等、日本の各地の八景が描かれるようになったが（例えば、堀川、一九八九）[35]、それらの作品の中でも、「落雁」の雁は大概編隊を組んで下向きに飛んでいる。このほか、日本の八景の中には「西浜八景」、「奈良八景」等の謡曲になっているものもある（張、二〇〇七、日本名著全集刊行會、一九二八、堀川、一九八九）。漢詩ばかりではなく和歌

（八景和歌）も詠まれるようになった。

江戸時代になると、日本の八景は浮世絵にも描かれるようになった。例えば歌川広重の《東都八景》「不忍落雁」（藤岡屋彦太郎版、天保中期）では、扇形に仕切られた画面に不忍池が描かれ、池の上空には、斜め下向きに編隊を組んで飛ぶ雁の群れが描かれている。そして、「しのばずや　をとめの空に　似あはしく　琴柱になりて　おつる雁がね」という賛（翁屋真向作）が添えられている。きれいに並んで降りる雁の姿が詠まれているのである。同じく広重の《不二三十六景》「武蔵野」（佐野屋喜兵衛版、嘉永五年頃＝一八五二年頃、第4章　図4-2で改めて紹介）でも、降りてくるかのような雁の編隊が描かれている。[36]

《瀟湘八景図》は朝鮮半島にも伝わっていた（堀川、二〇〇二、呉、二〇〇七）。では「落雁」はどのように描かれていただろうか。朝鮮時代の金玄成の賛が添えられた《瀟湘八景図屏風》の「平沙落雁」（一五－一六世紀）では、雁はやはり斜め下向きに編隊を組んで飛んでいる。[37]

しかし、生物学的な落雁と異なるのは、風景画の世界の落雁だけではない。辞書を引いても同様のことを読み取ることができる。『新編　大言海』（大槻（文）・大槻（清）、一九八二）には、「雁ノ、列ヲナシテ、地ニ下ラムトスルコト」（二一八一ページ）とある。他の辞書にも、「列を作って空から地上に降りようとする落雁」（西尾・岩淵・水谷（編）、二〇一一、一五五八ページ）、「（列をなして）空から舞い降りてくる雁」（北原（編）、二〇一〇、一八〇九ページ、括弧も原文通り）といった説明がある。ただし、『広辞苑』（新村（編）、二〇一八）を引いてみると、単に「空から舞い降りる雁」（三〇五三）と書かれている。これと同様に、「空から地上に降りる雁」（山田（忠）他（編）、二〇〇五、一五四九ページ）というように、列に言及しない説明が書かれている辞書もある。

生物学的な現象と絵画作品と辞書の説明を総合すると、「落雁」ということばには、一、飛んでいる雁が降りること（辞書の説明による）、二、飛んでいる雁が編隊を解き、降りる間際に見せる独特な羽の動かし方（生物学的な事実による）、三、飛んでいる雁が列をなして降りること（風景画における描写と辞書の説明による）、の三種類の意味があることがわかる。[38] 列をなすのは安定飛行の体勢になっているときなのだから、実際には、降りてきて水面がある程度近くなってくると、風景画に描かれている三番目の「落雁」の飛び方は不可能になる。

秋や冬の夕暮れ時に、幾何学的模様のような雁の編隊が形を崩さないまま水面に向かっていったらさぞかし趣があるだろう。画家たち・絵師たちは無意識のうちにそう感じていたかもしれない。あるいは、夕刻になってねぐらへと向かっていく雁の編隊の様子を見て、やがて下降するであろうと予想し、その前の段階まで含めて「落雁」ととらえたのかもしれない。いずれにせよ、生物学的な事実に忠実すぎないことが、かえって情趣を増しているようである。この現象は、前述の「つるべ落とし」が冬の日から秋の日に変わったこととも共通する風流な曲解あるいは風流な誤解のように思える。また、下降運動の知覚が悲しさを感じさせるという心理学研究の知見とも整合性がある。

もっとも、西洋の風景画では、鳥や鳥の群れが描かれることはあっても、落雁を画題にしたものはなかなか見つけられない。そのため、落雁が情趣を感じさせるということ自体は普遍的ではないのかもしれない。しかも、今日の日本で落雁の風景を見ることができるのはごく少数の場所に限られており、多くの人々にとって日常的とは言い難い。そのため、現代の日常生活の中でも下降運動する事物が悲しさを感じさせやすいということを明らかにするためには、他の事物にも目を向けてみる必要がある。例えば、小雨や粉雪や落葉など、現在でも日常的に知覚される下降運動を取り上げ、悲しさが感じられやすいかどうかを検討するといった試みが考えられる。

4節　ほのかな香り

(1) 消費の美学から見た香り

そこはかとなく漂うほのかな香りもまた、情趣を感じさせやすいと思われる。しかしこれまで消費者行動研究および関連領域で香りの問題を取り上げたものは、感覚マーケティング（sensory marketing）の研究（e. g., Krishna, 2013, 平木・石井・外川（訳）、二〇一六）や、美学における芸術哲学の研究（Jaquet, 2010, 岩﨑（監訳）、北村（訳）、二〇一五）であり、消費の美学の研究ではなかった。そこで以下では、第1章1節で示した消費の美学の位置づけに立ち返り、次の二つの観点から香りの問題を考えてみたい。

第一の観点は、香道における聞香《もんこう》および香の消費である。香道は芸道であるから、これを「消費」

と呼ぶことについては否定的な見方もあり得るが、本書で言うところの消費は、商業ベースの概念ではなく、「享受」や「鑑賞」の概念に近いものである（第1章1節参照）。ここではあくまでも消費の美学の観点から説明を試みる。

第二の観点は、記憶された香りである。よく、香りとエピソード記憶（想起する人自身が経験したことに関する記憶）は結びつきやすいと言われるが、本当にそうだろうか。本節では、様々な実証研究の結果に基づき、記憶された香りと情趣の関係について検討する。

（2）消費の美学から見た聞香

香りの鑑賞はもともと仏教の香木から発生している。五九五年に淡路島に巨大な香木が漂着し、島人たちが焼いてみると素晴らしい香りを放ったため献上したところ、聖徳太子がそれを香木の沈香であると見抜いたと伝えられている（畑、二〇一一、神保、二〇一五）。なぜ「聞香」と表現するのかについては、仏教用語から来ているという説（畑、二〇一一）がある。

香木は、最初は、仏に供えるための供香《そなえこう》や、場所を清めるための空香《くうこう》として用いられていた（神保、二〇一五）。しかし日本では、平安時代以降江戸時代に至るまでの間に、独自の発展を遂げた(39)。香道の歴史は様々な著作（例えば、畑、二〇一一、神保、二〇一五等）で紹介されているが、それらに基づいてまとめると、次のようになる。

まず、平安時代になると、薬としての効能が重視される一方で、香りそのものを楽しむ翫香《がんこう》が生まれた。これは、奈良時代に来朝した鑑真によって伝えられたと言われている。貴族たちは、一人一人が独自の調合を行い、薫物《たきもの》（香木の粉末等を原料として練り合わせたもの）を作るようになった。といっても、ばらばらというわけではなく、指南書も存在していた。薫物としては、「六種《むくさ》の薫物」と呼ばれる六種類の薫物が広く知られている。「梅花《ばいか》」（春を表す香り）や「菊花《きっか》」（秋を表す香り）など、季節を表すものが多い。調合は人によっても時代によっても変わるが（田中、二〇一二）、いずれも情趣を感じさせる香りであったようである。例えば、「侍従《じじゅう》」という名の薫物について、平安時代末期に編纂されたとされる『薫集類抄《くんしゅう（じゅう）るいしょう》』を参照すると、「秋風がものさびしく吹いて心にくく感じられる時分の情趣によそえたのであろう」（田中、同書、現代語訳、一三四ページ）と記されている。[40]「落葉」（らくよう、おちば）という名の薫物もまた、秋の景物、気候、情趣にふさわしい薫物であり、「心にひどく物寂しく思われる」（田中、同書、一四四ページの現代語訳による）と記されている。

平安時代の貴族たちは、衣服や髪や文書にも香を炷《た》きしめ、自己表現の手段としていた。また『薫集類抄』によれば、仏教における供養以外では「身体、器物、空気の浄化及び美容を目的とした」（田中、同書、三二ページ）という。

武士が台頭し、鎌倉時代になると、調合するのではなく、香木そのものを炷いて鑑賞する人々が現れた。また互いに香木を持ち寄り、炷いて識別する遊びを発展させた。建武年間になると、都に流行るものの一つとして香を当てる遊びがあげられるほどになった。

室町時代になると、平安貴族の香りを嗅ぐ行為と、鎌倉武士の香木を炷いて嗅ぎ分ける行為が融合し、芸道としての香道が確立した。香道は、「勝負を競うだけでなく、これを超えて魂の昇華を理想とする遊びとして」（荒川、二〇一五、八五ページ）成立したという。

香道の楽しみ方には、一炷《ちゅう》の香を聞く方法、香を炷き継ぐ方法の他に、複数の香を組み合わせる組香がある。組香には、詩歌・物語が描き出す情趣を香によって表現するものが多く（熊坂、二〇一五、山田（眞）、二〇一六）、「香の雅趣を楽しむと同時に遊戯性、競技性が加わる」（熊坂、二〇一五、九〇ページ）と言われている。そしてこうした「匂いのゲーム」は日本独自の文化（熊坂、二〇一五）ということである。

その後も香道は発展していった。戦国武将の中にも香の愛好者は多く、安土桃山時代になると規矩が整った（神保、二〇一五）。

江戸時代になると裕福な庶民にも広まっていった。今でも広く知られている「源氏香」は、江戸時代初期に成立した組香の一つである（畑、二〇一一、香道文化研究会編集委員会、二〇一五）。源氏香では、連衆《れんじゅう》（組香の客）一人一人に五回香炉が回ってくるが、その中でどれとどれが同じ香であり、どれとどれが異なる香であるかを聞き当てる。その際、「若紫」や「明石」等、『源氏物語』五十四帖中五十二帖の名に香の組み合わせパターンを当てはめ、その名を記して提出し、採点結果を競う。とはいえ、源氏香において最も重要なのは、聞き当てて高い得点を出すことではなく、香りを深く鑑賞し、想像力を働かせて源氏物語の世界を思い描くことであるという（岩﨑、二〇一六、山田（眞）、二〇一六）。

松原（二〇一二）によると、明治期に入ると香道は衰退していったが、一部の人々によって愛好さ

表3-1　香の消費の変遷（下線部は、各時代において主流と思われる消費者行動類型を示す）

時代	主な用い方	消費者行動の類型
飛鳥時代・奈良時代	仏教の祈りや清めのために用いる	――
平安時代	調合し、香りを楽しんだり、自己表現に用いたりする	感覚依存型快楽消費の場合と問題解決型消費者行動の場合がある 感性型快楽消費の萌芽が見られる
鎌倉時代・建武年間	香木を鑑賞し、炷いて香りを識別して遊ぶ	感性型快楽消費の側面と課題遂行型快楽消費の側面を併せ持つ
室町時代[1]・安土桃山時代	芸道として確立される	感性型快楽消費が中心だが課題遂行型快楽消費の側面も持つ
江戸時代	源氏香などの組香として、豪商などを中心として庶民にも広まる	
明治期以降	香道が継承される	
	調合し、香りを楽しんだり、自己表現に用いたりする[2]	感覚依存型快楽消費の場合と問題解決型消費者行動の場合がある

注：1）南北朝時代、戦国時代を含む。
　　2）明治期以降のカテゴリーに含めたが，特に近年の傾向である。

れていた。そして明治期中頃から香道の復興を目指す動きが生じてきたという。

こうして香道は現代まで受け継がれている。ただし昨今は、自ら香りを調合したり楽しんだりするために香を用いることもある。

日本における香道の歴史に基づいて香の用い方の流れをまとめると、表3-1の左列および中央列のようになるだろう。これを消費者行動の類型（第1章　図1-2）に当てはめてとらえるとどうなるだろうか。最初の仏教のための香の使用は、消費者行動とは言えないであろうから外すこととし、平安時代以降について考えてみたい。

まず、平安時代の香についてはどのように言えるだろうか。調合し、香りを楽しむのは、快楽消費のうちの感覚依存型快楽消費に属する。主として感覚的な喜びや心地よさを求めていると考えられたためである。一方、衣服に炷きしめるなどして自己表現に用いるのは、自己イメージの維持・向上という目的を達成するための手段的な行為であるから、問題解決型の消費者行動に含めることができるだろう。空気の浄化や美容の場合も、問題解決型消費者行動と言える。

しかしこの時代には、感性型快楽消費の萌芽も見られる。前述の「六種の薫物」には、春を思わせる梅の香や、晩秋から冬のもの寂しさを感じさせる薫物があったのであり、それらの香を嗅ぐことは、感覚依存型快楽消費というだけでは説明できない。

鎌倉時代・建武年間の武士の香はどうだろうか。香木を鑑賞するのは、それ自体が目的となっている消費者行動であり、またその行為には認知反応が伴うため、感性型快楽消費と言えるだろう（第1章　表1–1）。つまり、香りから情趣を感じられるようになったと考えられる。ただし、香木を識別して楽しむという行為も生まれた。これは、ゲームを楽しむ行為に近いのであり、課題遂行型快楽消費の一種とみなすことができる。したがって、感性型快楽消費の側面と課題遂行型快楽消費の側面を併せ持つ消費者行動になったと言える。

室町時代・安土桃山時代に花開いた香道は、香りを嗅ぐこと自体が目的であり、精神的価値の認識を伴うものであるから、感性型快楽消費に含まれるだろう。詩歌や物語を題材とすることが多いというのも、芸術作品の鑑賞に近いのであり、感性型であることと整合性がある。ただし、組香においては、香りを聞き分けるというクイズ的な要素があり、客観的な正解が存在する。こうした楽しみ方は、通常、絵画鑑賞や音楽鑑賞には存在しない。当てることが第一の目的ではないとはいえ、やはりゲームと同様の、課題遂行型快楽消費の側面を持っているのである。

江戸時代の聞香についても同様である。源氏香のような組香が広まっていったのであるから、課題遂行型快楽消費の側面を併せ持つ感性型快楽消費と言えるだろう。

明治期以降も、香道に関しては、課題遂行型快楽消費の側面を併せ持つ感性型快楽消費としてとらえることができる。しかし前述の通り、近年は平安時代の貴族の用法を思わせるような楽しみ方も生じている。部屋に香りを漂わせて楽しんだり、安らかな気分になったり、衣服やバッグに香りを添えて自己表現をしたりしているのである。今日では、平安時代の薫物をもとにして開発された化粧品まで存在している。香木・香道具の専門店の監修によるものであり、デパートの化粧品売り場などで販売されていることがある。したがって、近年の香の消費のしかたは、これまでになくバラエティに富んでいると考えられる。

ここで香の消費の仕方に関する流れをまとめると、表3−1の右列のようになる。中心的な部分（表3−1の下線部分）だけを見るならば、聞香は感覚依存型快楽消費から感性型快楽消費へと移行していったと言える。

この移行の一番の理由は、聞香が芸道として確立されたことだろう。しかし、源氏香に見られるように、文学作品とのつながりも無視できない。源氏香は、『源氏物語』を知っていればこそ、深く味わえるのである。また、香りを聞き分けるというクイズ的要素があることも留意すべき点と思われる。しかも聞香におけるクイズ的要素は単なる〝お楽しみ〟とは異なる。組香では、「香の種類や組み合わせによって感情の微妙な動きを誘い、独自の境地を醸《かも》し出させる」（荒川、二〇一五）のである。文学クイズ的な要素が組み込まれていることもまた、香道の奥深さを増す一因になっているのではないだろうか。

（3）記憶の中の香りと情趣

香りと記憶に関するこれまでの研究では、プルーストの小説『失われた時を求めて』（Proust, 1913, 鈴木（訳）、二〇〇六）が例に出されることが多い。非常に有名な小説であるから説明するまでもないかもしれないが、主人公がマドレーヌの小片を紅茶に浸すと、その味と香りから一気に過去の情景を思い出すというストーリー展開になっている。この現象は、しばしば「プルースト現象」と呼ばれている。もっとも、日本の古典文学でもこれに近い例はある。よく知られた歌に、「五月《さつき》待つ花橘の香をかげば昔の人の袖の香ぞする」（詠み人知らず、『古今和歌集』巻第三段夏歌一三九および『伊勢物語』第六〇段「花橘」）[41]があるが、これも、香りが手がかりとなってかつての愛しい人物が想起された現象として解釈することができるだろう。[42]この歌からは、衣服に炷きしめられた香りが人物を表現する役割を果たしていたこと（表3-1）も読み取れる。

しかしこれらのことから直ちに「香りは記憶に残りやすい」とか、「香りは想起を促進する」とかいう結論を導くことはできない。以下では、香り自体の記憶と、想起の手がかりとしての記憶について、情趣の観点から検討する。

香りそのものの記憶の難しさ

香りは記憶に残りやすいと言われるが、実際にこれを試した諸研究の結果はまちまちである（e.g., Rimkute, Moraes, & Ferreira, 2016）。いったん覚えた香りは月日が経っても消えにくいということは様々な実験研究によってほぼ支持されているが[43]、香りを覚えるのは概して難しいようである。

綾部（二〇〇七）は、プルースト効果は実験研究からは明確に示されていないと論じている。綾部は香りの記憶について多数の研究を紹介しているが、その中には、言語的符号化（第2章2節参照）や視覚的手がかり等の条件が加えられない限り、香りが他の刺激と比べて特に記憶されやすいわけではないということを示した研究が多数含まれている。

強烈な匂いが記憶に残っているという人は少なくないようであるし、人は身体に悪いと言われた匂いに対して順応しにくいということを示した実験（Dalton, 1996）もある。したがって、特定の匂いをよく記憶するということは確かにあるのだろう。だが、情趣を感じさせるような香りを覚えるのは難しいように思える。

前述の香道における「源氏香」では、嗅いだ香りを記憶にとどめておかなければならないが、似たような香りを放つ香炉が五回連続で回ってくるのであるから、初心者にはかなり難しいと思われる。鑑賞する余裕はあまりなく、香りの記憶テストを受けているような状態になりかねない。もちろん、特徴のはっきりした香りが含まれていれば少しは区別が容易になるわけだが、それでも、四回前に嗅いだ香りとたった今嗅いだ香りが同じかどうかを判断するとなると、記憶が定かでないという人が多いだろう。

『失われた時を求めて』の香りについても同様のことが言えるのではないだろうか。もし、マドレーヌであることが示されていないマドレーヌの香りだったらどうだろう。紅茶に浸された類似の焼き菓子の香りとは違うものとして記憶することができるだろうか。そもそも記憶が曖昧であったなら、その香りを思い出して情趣を感じることは困難だろう。

想起の手がかりとしての香り

プルースト現象が確かに存在するならば、想起の手がかりとして香りは効果的であるということになる。このことを確認するために、チュウとダウンズ（Chu & Downes, 2002）は自分自身が経験したできごとの記憶に関する実験を行った。彼らの実験では、例えば、コーヒーにまつわるできごとを思い出すといった想起の課題が出された。その際、コーヒーの香りなど、想起すべき課題と一致した香りを嗅ぎながら想起する場合は、「コーヒー」などのことばを提示された状況で想起する場合や、ビネガーのような、想起内容と一致しない香りを嗅ぎながら想起する場合よりも、想起内容の感情強度が高くなることや、できごとの詳細について想起する文章の数が多くなることなどが示された(45)。また、ボール・ショーカー・マイルス（Ball, Shoker, & Miles, 2010）の単語記憶実験では、記銘時に嗅いだ香りと同じ香りを想起テストの時に嗅ぐと、違う香りを嗅ぐ時より、よく思い出す場合があることが示された。これらの研究結果からは、確かにプルースト現象は存在すると言えそうである。

しかし、他の感覚刺激と比べて香りが想起の手がかりとして特に優れているわけではないということを示した実験（Herz, 1998）もある。この実験では、何らかの感情を喚起する写真や絵画と、香り、ことば、視覚的刺激、触覚的刺激等をそれぞれ組み合わせて提示し、四八時間後に再度これらの刺激を提示し、どのような写真や絵を見たかを記してもらった。そして正しく再生されたことがらの割合を比較したところ、刺激の種類による差は統計的に有意ではないことが示された。

にもかかわらず、香りが記憶と結びつきやすいと思われてきたのはなぜなのか。一つの可能性として、香りは「他の感覚モダリティと連合した記憶よりも量的に少ないために干渉を受けにくく」（綾部、二〇〇七、五〇一ページ）、保持されやすいということがあげられている。そうであれば、日々様々な香りを嗅ぎながら生活をしていたら、複数の香りの間で干渉が生じ、香りが特に記憶と結びつきやすいというわけではなくなってくると考えられる。

ただし、香りの記憶研究からは、香り刺激が感情反応を誘発しやすいことが明らかにされているという（例えば、綾部、二〇〇七）。情趣の問題を考えるにあたっては、むしろこの問題の方が重要かもしれない。

まず、前述のチュウとダウンズ（Chu & Downes, 2002）の研究のうち感情に関する結果だけを改めて取り上げると、香りを嗅ぎながら想起すると、想起内容の感情強度が高くなっていることがわかる。

またルビン・グロス・ゴールドスミス（Rubin, Groth, & Goldsmith, 1984）の実験では、香りを想起の手がかりとするときは、写真や言語を手がかりとするときと比べて、それまで想起したことのない思い出を想起する割合が高いことが示された。また彼らは、記憶内容や想起に伴う感情の分析から、香りは、視覚的手がかりや言語的手がかりと比べて、より心地よく感情的な記憶を呼び覚ますということが示唆されたと述べている。

先に紹介したハーツ（Herz, 1998）の研究でも、香りは他の感覚刺激と比べて感情反応を喚起しやすいということが示されている。記銘する段階では条件間の差がなかったが、想起する段階になると、写真や絵と香りが組み合わされた条件では、他の刺激が組み合わされた条件に比べて、より多くの感情が喚起され、感じられる程度も強かったのである。

香りと感情反応のつながりについては、脳活動の観点からも研究が行われており、嗅覚に関連した部位は、情動に関連する部位でもあること（例えば、政岡、二〇〇九）が以前から知られている。したがって、香りと記憶は結びつきやすいと言えるかどうかは定かではなくても、香りは感情と結びつきやすく、そのために感情反応を伴う経験の想起を促進する、と言うことはできそうである。

調査研究からもこのことは読み取れる。ハーシュと嗅覚・味覚の治療研究財団（Hirsch, Smell &

Taste Treatment and Research Foundation, LTD., 1992）は、香りと感情の結びつきに着目し、幼少期を思い出させる香りを尋ねる大規模な調査を二度にわたって実施した。その結果、回答者のうちの約八五パーセントの人が何らかの香りをあげたという。[46] 全体的には、パンやクッキーを焼くときの香りがあげられることが多かった。[47] また、アメリカ東海岸出身者は花の香りをあげ、アメリカ南部出身者は新鮮な空気の香りをあげるというように、出身地による違いが見られた。このように、香りの種類は様々だったが、パンを焼く香りであれ花の香りであれ、回答者は、香りから、懐かしいという感情を伴う経験を思い起こすことが明らかにされた。香りは、楽しかったできごとや心地よかったできごとに、ノスタルジックな〝フレーバー〟を添えて、そのできごとの想起の手助けをしているのだろう。

注

（1）刺激を知覚することが可能になるときの刺激の量や程度を指す。

（2）マーティンのこの実験は、バーラインの著作（Berlyne, 1971）でも紹介されている。

（3）バーラインは、最初は人間の探索行動の説明の中でヴントのモデルを検討していたが、のちにこれを実験美学の視点から整えていったようである。

（4）「覚醒ポテンシャル」の概念は一九六〇年（Berlyne, 1960/ 2014）の著作の中で考案されており、この著作において既にフェヒナーの実験美学に対する言及もある。しかし、この時点では「新実験美学」はまだ掲げられていない。またフェヒナーの『美学入門』では、前述の通り、「覚醒」（“arousal”）にほぼ相当する“Erregung”

という語が用いられているが（Arnheim, 1985）バーラインの「覚醒ポテンシャル」の概念は、フェヒナーの著作に基づいて考え出されたわけではないように見受けられる。

（5）ただし、こうした数値変換を施さずに行われている実験もある。

（6）原語は“hedonic value”であり、心地よさを感じる程度や報酬となる程度を指している。そのため、ここでは「快楽の程度」と記した。ホルブルックのモデル（図3-2（2））についても同様である。

（7）バーライン自身は「ヴント曲線」と呼んでおり、バーライン以外による研究でも「ヴント曲線」と書いてあるものが多いが、心理学領域では「ヴント曲線」という語で別のものを指す場合があるため、本書では、「ヴント＝バーライン曲線」という語を用いる。

（8）彼らは、「心地よい―心地よくない」等の六つの形容詞対から成る評定尺度によって快楽の程度を測定した。

（9）本書では、刺激強度が絶対閾であるときは快も不快も生じないという、前述のキュルペとマーティンの考えと、刺激強度が絶対閾であるときは無限に小さな快が生じるというヴントの考えを区別した。ただし、キュルペとマーティンは、自身の考えとヴントの考えを同様のものとみなしている。無限に小さな快の感情が生じることと、快も不快も感じないことは、実際問題としてはほぼ同じと言えるだろう。

（10）三浦（一九九九）は、絵画や写真を用いた実験を行い、高周波数成分（画面の細分割や激しいタッチ等）を除くと速度の印象が低下することや、好まれる作品の中に遅い印象のものが多いことを見出している。これらの結果は、覚醒ポテンシャルがやや低いときに感情価が高くなるという本章の趣曲線の考え方と整合性があると思われる。

（11）これまでにも宣長の兼好法師批判に言及した論者はいるが、宣長には桜の情感が理解できなかったとしており、本書のとらえ方とは異なる。

（12）実際に知覚してもらい、感じ方を尋ねるテストのことである。官能検査とも言う。

(13) この官能評価におけるパネル（評価する人）は、二十代から五十代までの男女二九人だった。
(14) 京都の料理には様々なものがあるが、湯豆腐も有名である。東山や嵯峨野には湯豆腐店が数多く存在している（武田（忠）、二〇〇四）。
(15) ここで言う音圧とは音圧レベル（sound pressure level）のことであり（重野、一九九四）、音の強さの指標である。
(16) 日本騒音調査ソーチョー「騒音値の基準と目安」（http://www.skklab.com/standard_value）（二〇一九年三月五日アクセス）。
(17) 穂積・稲垣・福田（二〇〇九）の虫の音研究では、「虫が翅を一回擦り合わせて出た音がまとまって一音に聞こえる音」（一一三八ページ）を「チャープ」として定義している。
(18) 乾（正）（一九九八）も俳句の季語分析を行っているが、乾（正）の分析では、気候に関する季語と、光（「夕焼け」、「星月夜」など）に関する季語の比較が行われているため、人工的な明かりに着目した拙稿の試みとは異なる。また、日本人は西洋の人と比べると光をあまり意識していないと論じられており、この点でも拙稿とは異なっている。
(19) 拙稿では宗田（監修）・学研 辞典編集部（編）（二〇〇二）の『季別季語辞典』を参照したが、何を季語としてあげるかは本によって多少異なる。夏の季語に「夏の灯」または「夏灯《なつともし》」が入っていないものもある。また、この分析では、商品や購買行動に限定してことばを調べたが、自然の事物も含めれば、「春の川」、「夏の川」、「秋の川」、「冬の川」のように、どの季節の季語にもなることばは「灯」以外にもある。
(20) 顔料の一種であり、白を表現するときに用いられる。
(21) 赤に近い渋い茶系の色である。
(22) もっとも、複雑さは七件法において平均五・八五であり、混沌としている程度は平均四・〇七であったため、

「ほどほど」(moderate levels) と記されている。

(23) この研究では、高速道路高架橋から俯瞰するときの景観に言及する場合に、「幻想的」、「美」、「別世界」などのことばを用いる割合が高いことも明らかにされているが、高速道路高架橋から見える景観に夜景が多かったのかどうかについては記されていない。

(24) 開発事業に携わった方から伺ったお話による。

(25) ただし、見上げる地点を少しでも変えると、このような風景ではなくなる。隣接するビルが見えなくなったり、そびえ立つように見えたり、別の高層ビルが視界に入ったりしてくる。

(26) この実験では、ただ手を上げるのではなく、手で握ったビー玉を箱に入れる作業をしてもらっている。箱は上の方または下の方に置かれていた。

(27) 「秋の日はつるべ落とし」の歴史に関する説明は、拙稿(牧野、二〇一六)の一部を加筆・修正したものである。

(28) ただし、日ごとの変化率は秋の方が春より大きいため、このことが「つるべ落とし」と感じる大きな要因となっているという見方(渡部(潤)、二〇〇七)もある。

(29) 宮城県伊豆沼・内沼環境保全財団の藤本泰文氏にお教えいただいた。

(30) 現在日本に飛来するマガンの九〇パーセントが伊豆沼に来ている(宮城県伊豆沼・内沼環境保全財団パンフレットより)。

(31) 早川(美)(二〇一五)は、このような編隊を組むとエネルギーを一〇パーセント程度減らせるという見積もりがあると説明している。

(32) 宮城県伊豆沼・内沼サンクチュアリセンター「伊豆沼・内沼の自然」「自然観察カレンダー」「マガンの飛び立ち、ねぐら入り　一一月～一月」(http://izunuma.org/3_2.html)、(二〇一九年三月五日アクセス)。

（33）東京文化財研究所「ガラス乾板データベース」「23905_平沙落雁図」（http://www.tobunken.go.jp/materials/glass/242059.html）（二〇一九年三月五日アクセス）。渡辺（明）（編）（一九七六）の『日本の美術9　瀟湘八景図』でも確認できる。

（34）牧谿の「平沙落雁」についても、本書では、渡辺（明）（一九七六）が紹介している図版を参照した。

（35）具体的な土地を当てはめたことを日本特有とする考え方があるが、鈴木（一九九三）は、中国でも眼前の風景を当てはめるということはあったと指摘している。

（36）琴柱（ことじ）とは、「琴の胴の上に立てて弦を支え、音を調整する道具」（西尾・岩淵・水谷（編）、二〇一一、五一八ページ）のことである。ここでは雁の群れが斜め下向きに並ぶ様子をたとえている。

（37）九州国立博物館「収蔵品ギャラリー」「瀟湘八景図屏風」（https://collection.kyuhaku.jp/gallery/2151.html）（二〇一九年三月五日アクセス）。

（38）和菓子の落雁は除く。

（39）中国では、香道のような芸道は確立されていない。

（40）田中（二〇一二）の著作に、原文と現代語訳が示されている。

（41）本書では、片桐（二〇一三）および中島（二〇〇七）の解説を参照した。

（42）『伊勢物語』では、元の妻との再会の場面で男性が詠んでいるが、中島（二〇〇七）による『古今和歌集』の解説では、この解釈が示される一方で、女性らしい歌とも感じられると記されている。

（43）ただし、香りの再認テストの成績が一週間後に下がったことを示した実験研究（Perkins & Cook, 1990）もある。

（44）チュウとダウンズの研究は二つの実験から成っている。どちらの実験でも、手がかり提示前と提示後に想起してもらい、手がかり提示前と提示後の変化を条件間で比較している。感情強度に関する結果は第一実験から得られている。

(45) チュウとダウンズの第二実験から得られた結果である。この実験では、想起すべき課題と一致した香りを嗅ぎながら想起する条件では、他の条件に比べて、手がかり提示前には想起されていなかった内容の想起が多かった。

(46) シカゴで行われた第二回の調査の結果である。

(47) 複数の国から回答者を集めた第一回調査の結果である。このあとに紹介する地域別の集計結果も第一回調査の結果である。

第4章

事物の想像から生じる情趣

雪形《ゆきがた》には趣がある？（詳しくは170ページ）

この章では、事物のイメージを思い描くことによって感じられる情趣について論じる。イメージの問題は、認知心理学の領域では以前から注目されてきた[1]。また消費経験論の領域では、空想活動の重要性は最初から指摘されていたが[2]、これもイメージの問題に含まれる。

以下では、まず、**長期記憶**[3]**の中の事物**（1節）について論じ、続いて、**余韻を生じやすい事物と「間《ま》」**（2節）について論じる。次に、**姿を消してゆく事物**（3節）について論じる。ここでは、消えゆく存在であることを示唆する事物のほかに、かつて賑わっていたということを推測できるような事物も取り上げる。そして本章最後では、**空想の世界における情趣**（4節）について論じる。4節では、特に、自然界と日常生活を結びつける空想活動について論じる。

1節　長期記憶の中の事物

(1) 記憶の変容という現象

自分が経験したできごとの記憶が美化されるという話は、日常的によく聞くことである。美学の分野では、西村(一九九三)がこの問題を取り上げている。そして、追憶が物語を構築するならば、観客である現在の自分に美的な感動をもたらすように筋立てができあがる。西村によれば、幸福なできごとは増幅され、不幸なできごとや悔恨は美的共感へと浄化されるということである。

消費者行動研究の分野では、懐かしさ(個人的ノスタルジア)とは、自分の過去経験のうち、心地よい部分だけを取り出したものであるという見方(Stern, 1992)がある。また、懐かしさに関する心理学研究では、良い思い出や、良い方向に向かっていった思い出の方が、悪い思い出や、悪い方向に向かっていった思い出より、想起されやすいということを示した調査研究(Wildschut, et al., 2006)がある。これらのことから、思い出は、快の感情を伴いやすく、なおかつ美化されやすいと推測できる。

自分が何かをするというのではなく、自分が鑑賞した事物についても同様のことが言えるのではないだろうか。つまり、知覚した事物に趣があると感じられたとき、その事物は、記憶の中で、より一層趣のある事物になるのではないだろうか。例えば、もの悲しいと感じられたものは記憶の中でよりもの悲しくなり、はかないと感じられたものは記憶の中でよりはかなくなるのではないだろうか。

この現象は、心理学の視点からは、記憶の変容の一種としてとらえることができるだろう。記憶の変容に関しては、スキーマ（後述）の効果に関する研究、言語化の効果に関する研究、目撃証言の信憑性に関する研究が取り上げられることが多い（例えば、厳島、二〇一一、渡辺（正）、一九九四など）。以下ではこれらの研究のうち情趣とかかわりがあると思われる研究を取り上げ、情趣経験の説明を試みる。

スキーマの効果

イギリスの心理学者バートレット（Bartlett, 1932, 宇津木・辻（訳）、一九八三）は、人間の記憶が不正確であることを様々な実験によって明らかにし、記憶の変容の性質とその理由について考察した。(4) バートレットは実験室実験の不自然さを避けるために、実験参加者が興味を持つことができ、なおかつ、ごく普通の材料を用いようと考えた。

バートレットは、まず、海軍や陸軍の将校または兵卒の顔が描かれたカードを提示して記憶してもらう実験を行った。その結果、提示された顔があるタイプの顔であると認識された場合は、想起を繰り返すうちに、記憶内容がそのタイプの一般的なパターンにますます近づいていく傾向があったという。(5) 例えば、陸軍大尉の写真を見せられたある実験参加者の想起内容は次のように変容していった。(6)
①見たとき……実験参加者は、「厳しい表情でした。非常にまじめな顔つきの人でした」と語り、

完全な横顔で、肉づきのよい大きなあごがつき出ていたと付け加えた。

②三週間後……実験参加者は、「右側を向いた若い男の横顔でした。角ばった顔をしていて、非常にまじめな、毅然とした面持ちをしていました」と語った。

③五週間後……この実験参加者の回答の中で、きまじめさと毅然とした面持ちがさらに強調され、前よりもはなはだしくなったようだった。

バートレットは五週間後の時点でもう一度顔写真を提示した。このときこの実験参加者は新しいカードに変えたのではないかとびっくりし、「私の見た大尉は、もっとずっと、まじめな顔つきでした。口はもっとひきしまっており、あごはもっとつき出ていて、もっと角ばった顔をしていました」（宇津木・辻（訳）、六五ページ）と言ったという。

こうした現象は、人物の顔の記憶ばかりに見られるのではない。バートレットは、大衆小説におけるストーリーと天気の組み合わせにもパターンがあると指摘している。嵐が吹くのは悲劇の前であり、おだやかな空はハッピーエンドの前であるという。

バートレットは、実験参加者にとってはなじみのない北アメリカの民話を提示し、ある程度の間隔を置いて繰り返し再生してもらうという実験も行ったが、その中に、「静かな霧の立ちこめた夜」という箇所があった。ある実験参加者は最初の再生時に次のように言ったという。

「なぜかわからないのですが、私は、霧の深く立ちこめた、静かな川べの夕方と結びついたある種の連想を作っていました。私はそれが、以前に見たことのある何かを思い出させてくれたと考えていますが、その情景を正確に思い出すことはできません」（宇津木・辻（訳）、九五ページ）

この実験参加者は、この時点では、天候について書いてあったことは想起できていなかったのである。ところが、二週間後には次のように書いたという。

「その夕方は、川のあたりに、霧が立ちこめていた。そして、彼らは、しばらくの間、そこには自分たちだけしかいないことを意識していた」（同、九五ページ）

バートレットによれば、これは、記憶したことが遅れて再生に出てくる一つの例ということである。ただし詳細な部分が思い出されるというのではなく、ある気分と調和した「天候スキーマ」が想起されるということである。ここで言うスキーマとは「知識を体制化する心的な枠組み」（都築、二〇一〇、一九八ページ）のことである。

バートレットは、これらの実験をはじめとする様々な記憶変容実験の結果について、個人が持っている「スキーマ」が記憶に影響を及ぼすと考察した。[7] 頭の中によみがえってきた物のイメージがなんらかの知覚パターン（perceptual pattern）と融合すると、その知覚パターンに合うように、想起内容が変わっていってしまうということである。

言語化の効果

事物の記憶は言語表現の影響を受けるということが知られている。前述のバートレットも、スキーマについて論じる中で名づけの効果に言及しているが、この問題を詳細に検討した研究としては、カーマイケル・ホーガン・ウォルター（Carmichael, Hogan, & Walter, 1932）の研究が広く知られている。彼らの実験では、例えば、両端が接続された二本の円弧から成る絵を記憶してもらった場合、「三日月に似ている」と言われてから提示されると、より三日月らしい絵が再生されやすく、「文字Cに似ている」と言われてから提示されると、より「C」という文字らしい絵が再生されやすかった。[8] 記憶内容が「言語的符号化」（第2章2節参照）の影響を受けたのである。

その後の記憶変容研究は、主として、誤った記憶の研究へ、特に、誤った目撃証言の研究へと発展していったようである。目撃証言に関するロフタスとパーマー（Loftus& Palmer, 1974）の研究では、同じ交通事故の映画を観たあと、「激突した」（smashed）という表現を用いて質問された条件と「ぶつかった」（hit）という表現を用いて質問された条件では、「激突した」という表現が用いられた条件の方が、一週間後の質問の際に、ガラスが割れるのを見たと答える人の割合が高かったという。「激突した」ということばによって、実際の場面より激しい衝突場面を見たように記憶していたのである。

ある文章を記憶したあと、それを正確に語るか楽しく語るかが、その後の再生に影響を及ぼすということを明らかにした研究もある。ダドウコヴィック・マーシュ・ツヴェルスキー（Dudukovic, Marsh, & Tversky, 2004）は、六三人の大学生を実験参加者とし、バーテンダーから見た来店者の様子に関する記述を読んで覚えてもらうという実験を行った。実験条件は三つあった。それらは、記述内容を覚えたあと、正確に語ってもらう条件、楽しく語ってもらう条件、何も語らない条件だった。そしてこの実験では、記憶した内容をあとで想起してもらっている。

想起内容の分析結果から、正確に語ってもらう条件における想起内容が最も正確であることが示されたという。また、想起内容が誇張されている程度は、正確に語る条件において相対的に低かった。しかし、楽しく語る条件と何も語らない条件の間では、想起の際の誇張の程度に統計的に有意な差はなかった。ダドウコヴィック・マーシュ・ツヴェルスキーは、この結果について詳細に検討してはいないが、この結果からは、興味深いことが示唆されていると言えそうである。というのも、何も語らない条件は、誇張がなかったのではなく、正確に語る条件に比べて誇張の程度が有意に大きかったからである。このことは、人間が物事を記憶する際、元来、誇張しやすいということを示しているのかもしれない。元来誇張しやすいのであれば、快楽経験は自ずと快楽が強まる方向に誇張されて記憶されることになり、情趣を感じたときは記憶の中で情趣が深められることになるのではないだろうか。

これらのほかに、広告効果に関する研究の中にも、言語や他の要素が記憶内容に及ぼす影響を示したものがある。ブローン（Braun, 1999）は、元来広告には商品に関する良いことが書いてあるため、消費したあとにその商品の広告を見た人は、見ていない人より、良い消費経験だったと思うのではないかと考えた。そして、オレンジジュースを実際に飲んで評価してもらう実験を行った。オレンジジュースは、おいしさに関する予備調査の結果から、おいしい、普通、まずい、の三種類に分けられており、実験参加者には、それらのうちの一つを飲んでもらった。その後、半数の実験参加者にはその商品の広告が提示されたが、半数には広告は提示されなかった。さらにその後、非常においしいジュースと非常にまずいジュースを加えた五つのジュースの中から、自分が飲んだジュースを選んでもらった。

実験の結果、広告提示なし条件では、おいしさのレベルによらず、正答率は四六パーセントぐらいだった。これに対して広告提示あり条件では、正答率が二六パーセントまで下がった。おいしさのレベルによらず、実際には自分が飲んだものよりおいしいものを自分が飲んだものとして回答する人が相対的に多かった。つまり、おいしいジュースはおいしいジュースなりに、まずいジュースはまずいジュースなりに、よりおいしいと感じる方向に記憶がずれていたのである。

こうした記憶の変容現象を情趣の視点からとらえると、次の二点をあげることができる。

・事物を知覚したとき趣があると感じると、言わば「趣スキーマ」のようなものが活性化され、その結果として、趣が強化される方向に記憶が変容する。
・事物を知覚し、趣があると感じたとき、その感じ方を言語化すると、記憶内容はますますそのことばに合致したものになる。

第1章で紹介したように、本居宣長（本居（著）、一七六三、子安（校注）、二〇〇三）によれば、私たちは、心に深く感じるところがあると、堪えかねて自ずと歌を詠む。これは歌詠みの精神を述べたものだが、記銘に及ぼす影響という観点からとらえるならば、歌詠みが行っていることは、知覚した事物や心情を言語化する行為なのであり、記憶研究で検討されてきた言語的符号化に近いと言えるのではないだろうか。歌を詠んだあとの詠み手は、ますます趣の深い経験としてその経験を心に刻むことになるだろう。

(2) 情趣を深める方向への記憶変容の例――「去るものは日々に愛おし」

先に紹介した様々な著作や研究から、情趣を感じさせる事物の記憶は、さらにその情趣を深める方向へと変容する可能性があると言えそうである。直接調べることは難しいが、このことと関連する現象を取り上げた研究はある。

仲（仲、二〇一四、Naka, 1995）は、子どものころに見たものを大人になってからもう一度見ると、思っていたものより小さく感じるという経験を持っている人が少なくないということに着目し、思い出の中の事物と実際の事物の大きさ比較を試みた。仲は、ある中学校の一年前の卒業生から二四年前の卒業生まで合計一五八人に中学校の配置図を描いてもらい、さらに、中学校を再訪した卒業生には、以前より小さく感じたか大きく感じたかを尋ねた。その結果、卒業してからの年数が経つにつれて、卒業生は校舎を大きく描くようになっていたという。再訪時の面積の印象については、実際に再訪していた一四八人のうち、半数は「変わらない」と答えたが、変化を感じた人の中では、「広くなった／大きくなった」と感じた人より「狭くなった／小さくなった」と感じた人の方が多いことが示された。記憶の中の面積の方が実際の面積より大きいと感じた人が、少なからずいたわけである。配置図を見てみると、校庭については、卒業後の年数が少ない卒業生の方が大きく描き、描かれた物の数も多かったものの、校舎については逆であり、卒業後の年数が多い卒業生の方が大きく描き、描かれた物の数も多かったという。また校庭にあった物は、校庭で部活動をしていた人の方が、校舎内で部活動をしていた人より、多く描いていたという。

このような結果が得られたことについて、仲は、たくさんの物を思い描けるほど、思い出の中の場所の面積は大きいと考察している。思い出の中の中学校が実物より大きいのは、思い出がたくさん詰まっていればこそと考えられるのである。大きいと感じること自体は情趣経験ではないが、学校を大きく感じることが、思い出が多いことによるのであれば、懐かしさとつながってくると考えられる。

記憶の世界における情趣の深化は、回想シーンを含む文学作品からも読み取ることができる。「富士には月見草がよく似合う」（太宰、一九三九／一九五七、六四ページ）。これは、太宰治の小説『富嶽百景』の中の有名なことばである。主人公「私」が乗っているバスの乗客たちが皆富士山を見て盛り上がっているとき、「私」の母に似た老婆が、富士山には一瞥もくれずに指さしたのが月見草であった。「私」が乗ったバスは一瞬にして走り去っていくが、「ちらとひとめ見た黄金色《こがねいろ》の月見草ひとつ、花弁もあざやかに消えず残った」（六五ページ）のだった。富士山と立派に対峙し、「けなげにすっくと立っていた」（六五ページ）のがよかったという。そしてそのとき「私」は、富士には月見草がよく似合うと思った。さらにその後「私」は、山で月見草の種を広い集め、茶店の背戸に播き、来年見に来ると茶店の娘に伝えている。

「私」がその月見草を見たのはバスが通り過ぎる間だけである。しかも、窓から見たのであるから、ある程度は離れた場所から見ていたはずである。にもかかわらず、自ら月見草の種を播くほどにまで惹きつけられたのである。「私」の記憶の中で、月見草と富士山の風景が、母に似た人物の面影と組み合わされて、「私」にとって一層趣のある魅力的なものになっていた可能性がある。「富士には月見草がよく似合う」と言語化したこともまた、その風景の趣を深めたと思われる。

もっとも、『富嶽百景』の中の「私」はおそらく翌年月見草を見ることができるだろう。全く同じ花ということはあり得ないが、同じ種類なのであるから、類似した花が咲くことが見込まれる。一方、私たちの日常生活の中では、情趣を感じても、再び見たり聞いたりすることが不可能な事物が多々ある。そうした事物の情趣を再び感じるためには、記憶を呼び起こすしかない。前述のバートレットの「スキーマ」の考え方を当てはめると、想起する際には、「趣スキーマ」のようなものが活性化されることになる。そうすると、趣を損なうような部分は抜け落ち、いかにも趣があると感じられる部分が顕著になると考えられる。「去る者は日々に疎し」とは言うけれど、「去るものは日々に愛おし」ということもあるのではないだろうか。

2節　余韻を生じやすい事物と「間《ま》」

(1) 余韻を生じやすい事物

絵画作品や文芸作品に関する論考や解説を見ていくと、「余韻の美学」ということばがしばしば使われていることに気づく。『広辞苑』によれば、余韻とは元来「音の消えたあとまで残る響き」(新村(編)、二〇一八、三〇〇九ページ)を指していた。しかし、それだけではない。「事が終わったあとも残る風情や味わい。また、詩文などで言葉に表されていない趣。余情。」(同書、同ページ)とある。つまり、聴覚的刺激に限らず、様々な印象が残ることや、知覚した事物に関連するイメージが発生することをも意味している。では、余韻を生じやすい事物というものはあるのだろうか。以下では、知覚経験終了後に残る良い印象という意味での余韻と、(ことばに限らず)表されていない部分を推測することから生じる趣という意味での余韻を分けて考えていく。

知覚経験終了後に印象を残しやすい事物

事物を知覚したあとにしばらく印象が持続しているというとき、頭の中では何が起こっているのだろうか。神経科学の分野では、脳の活動を、認知脳の活動と社会脳の活動に分けてとらえている（苧阪（直）・越野、二〇一八）。苧阪（直）・越野によれば、認知脳は問題解決に向けて働き、社会脳は自己や社会について思いを巡らす機能を果たす。認知脳の代表としてはワーキングメモリネットワークと呼ばれる脳内基盤があり、社会脳の代表としてはデフォルトモードネットワークと呼ばれる脳内基盤がある。また両者の切り替えは顕著性ネットワークと呼ばれる脳内基盤が行っていると考えられている。

これらのうち、デフォルトモードネットワークは、社会的活動に関するネットワークであるだけでなく、空想や想像、白日夢、あるいは、無意図的な想起などと関係している（越野・苧阪（満）・苧阪（直）、二〇一三、苧阪（直）・越野、二〇一八）。そして、なんらかの課題を遂行しているときは、ワーキングメモリネットワークが働き、デフォルトモードネットワークの活動は概して低下することがわかっている。

このことから、知覚経験終了後に印象が残ること、特に、余韻に浸ると呼ばれるような現象は、脳内活動の観点からは、デフォルトモードネットワークの活動として説明できる可能性がある。(9) このほか、知覚経験終了後に印象が持続するのではなく、別の機会に、意図せずして想起されるような印象や味わいもまた、デフォルトモードネットワークの活動として説明できるだろう。

では、日常生活の中ではどのような事物が経験終了後に余韻を残しやすいのだろうか。頭の中に余韻を残しているのはもともと実際に知覚した事物なのであるから、基本的には第3章で述べた事物が該当するだろう。すなわち、刺激強度が控え目の事物、若干の新奇性や複雑さを備えている事物、暗さの中の明かり、ほのかな香りなどである。しかし、想像の世界の中にあるからこそ趣が深いと言えるような事物もあるだろう。

余韻の程度を測定したり比較したりすることは難しいと思われるが、余韻があるとされている文学作品や芸術作品の研究にあたってみると、いくつかの示唆を得ることができる。

例えば大畑（一九八七）は、芭蕉の句について、意味を重層的に組み合わせることによって余韻（余情）が深まる場合があることを指摘している。[10] 初期の句として知られている「春やこ《（来）》し年や行《ゆき》けん小晦日《こつごもり》」は、『伊勢物語』六九段の和歌「君や来し我や行きけむおもほへず夢かうつゝか寝てかさめてか」や、『古今和歌集』巻一・一の「年の内に春はき《（来）》にけりひととせを去年とやいはむ今年とやいはむ」の意味を重ね合わせているという。もっとも、この重ね合わせに余韻を感じるかどうかは、原典に関する鑑賞者の知識に委ねられると大畑は論じている。したがってこの種の情趣経験においては、人文学的知識（第2章3節参照）の要因も関係してくると考えられる。

紀行文に関する研究でも、重ね合わせの効果を指摘しているものがある。山口（敬）他・出村・川崎・樋口（二〇一〇）は、近世の京都・嵯峨野の紀行文二一編における風景の記述を分析し、当時の風景鑑賞のあり方を検討した。[11] そして、古歌に詠まれた文学的イメージを追体験することや、古くから伝えられている物語のイメージを目の前の景観に重ね合わせることによって生じる重層性が、嵯峨野の風景鑑賞において重要だったことを明らかにした。例えば、石出《いしで》常軒《じょうけん》が寛文四年＝一六六四年に著した紀行文『所歴日記《しょれきにっき》』のうちの京都の大沢池に関する記述には、赤染衛門や西行法師が詠んだ歌を部分的に引用し、古歌に詠まれた風景を追体験しようとする記述が見られると指摘している。(12)

それでは逆に、私たちはどのような事物を知覚したときに余韻を感じにくいだろうか。絵画作品における鑑賞後の余韻の問題を取り上げた研究として、(現熊本県)細川藩御用絵師に関する大倉(一九九六)の研究がある。大倉は、矢野派の絵師たちの山水画や花鳥画や人物画を例にあげ、総じて謹厳、平明で、分かりやすい反面、「叙情性や余韻」(三一ページ)、洒落や粋といったセンスに欠けると論じている。もっともその背景には、質実剛健を良しとする受容者側の価値観があったと考えられるという。

これらの研究から、言語刺激であれ視覚的な刺激であれ、意味を重ね合わせることは余韻を深める要因となり、平明であることは余韻を減らす要因になるということが窺われる。

作品の世界から離れて、これらのことを現代の日常生活に当てはめてみることもできるだろう。馬の形の民芸品「三春駒《みはるごま》」で知られる福島県田村郡の三春町は、春の訪れが遅いため、梅と桜と桃の花が一斉に咲くという。そしてこのことから三つの春「三春」という名前がつけられたという言い伝えがある。実際には、多少時期がずれることもあるようだが、三種類の花が一斉に咲く様子を思い描くと、春が来たということを重層的に感じられるようになり、一層印象に残りやすくなるだろう。

事物の意味の重ね合わせは、問題解決・情報処理の視点からとらえると、冗長であり、意思決定にとっては役立たないということになるかもしれない。しかし、消費の美学の視点からとらえると、感性型快楽を増す重要な要因になることがあると考えられる。

表されていない部分の推測を促す事物

事物は常に充分知覚されるものとして存在しているわけではない。表されていない部分の推測を促すような事物もある。ここで言う「表されていない」とは、省略された部分や言外の意味を持つ部分を指す。こうした部分から生じる趣は、意味を読み取るという課題遂行の成果と考えることができるだろう。そのため、この種の余韻を感じているときは、良い印象が持続するという意味での余韻を感じているときとは異なり、認知脳の働きがかかわっていると推測できる。

しかし、省略部分や言外の意味は、複雑さや新奇性のような照合変数（第3章1節参照）とは異質なのであり、消費の美学の領域ではこれまで検討されてこなかったようである。問題解決・情報処理研究の視点からとらえても、省略部分や言外の意味の問題は重視されにくかったと思われる。情報が省略されていたり示唆されるに留まったりしている状態というのは、情報不足の状態なのであり、最適な意思決定をするためには望ましくないと考えられるからである。

しかしながら、日本の文芸作品の世界、とりわけ俳句の世界では、言い過ぎないことの重要性が指摘されてきた。高橋（睦）（二〇一四）は、俳句においては「や・かな・けり」などの切字《きれじ》が必須であると論じている。切字は「沈黙または空間を呼び込む装置」（九八ページ）であり、五・七・五という最短の詩型を宇宙大に広げているという。また高橋（睦）は、俳句の作り方として、詠いたい気持ちが起こってもできるだけ沈黙することを勧めている。我慢の限界に達したときに出てきた一語は沈黙の力を帯びて次のことばを呼ぶという。語数が少ない分だけ、一語一語のことば選びが非常に重要になるのだろう。

省略の表現に情趣を感じるのは、日本特有と思われがちだが、海外でも見られるようになっているという。草薙（一九七二）は、現代のドイツ美学において、芸術の未完成性が積極的意義を持つ新しい課題として取り上げられていると論じている。そして、日本古来の歌論や画論における意図された未完成性と、現代ドイツ美学における未完成性との間に一致する部分があると指摘している。

だがここで、俳句における省略表現に相当するものが、私たちの日常生活空間の中に存在するかと問われれば、即答することは難しい。何もないような場所には、実際には何もないわけではない。そこには土地が存在し、空も見えている。大海原も同様である。夢の世界にでもいない限り、省略はありえず、視界は埋められている。

しかし、事物が何かを示唆するという現象は存在する。日常生活の中の事物は作品ではないのだから、作者が存在して意図的に示唆するということはないが、事物が、知覚されること以上の様々なことがらを物語っているということはある。例えば、晩秋から初冬にかけて、生花店の店先に真っ赤なポインセチアがびっしりと並べられているのを見たら、クリスマスが近いのだと感じ、なんとなくあたたかい気持ちになるかもしれない。あるいは、さほど寒くもなければ天気も悪くない駅に大雪の積もった列車が入ってくるのを見たら、山奥の方から来たのだろうと推測し、雪国の風景を思い浮かべるかもしれない。このような推測をするとき、私たちは、その列車がどこから来たかということに関する正しい情報を求めているわけではないだろう。雪の多い地方を思い描いて趣を感じていると言える。

　中国や日本の庭園で古くから造られてきた「借景」（第3章2節と関連）もまた、言外の意味を示唆する表現と言えるのではないだろうか。借景の鑑賞においては、対象は実在するが、鑑賞の要となる近景と遠景のつながりは実在しないからである。近景と遠景のつながりは、借景の構造を理解することによって、鑑賞者の想像活動の中で創り出される。

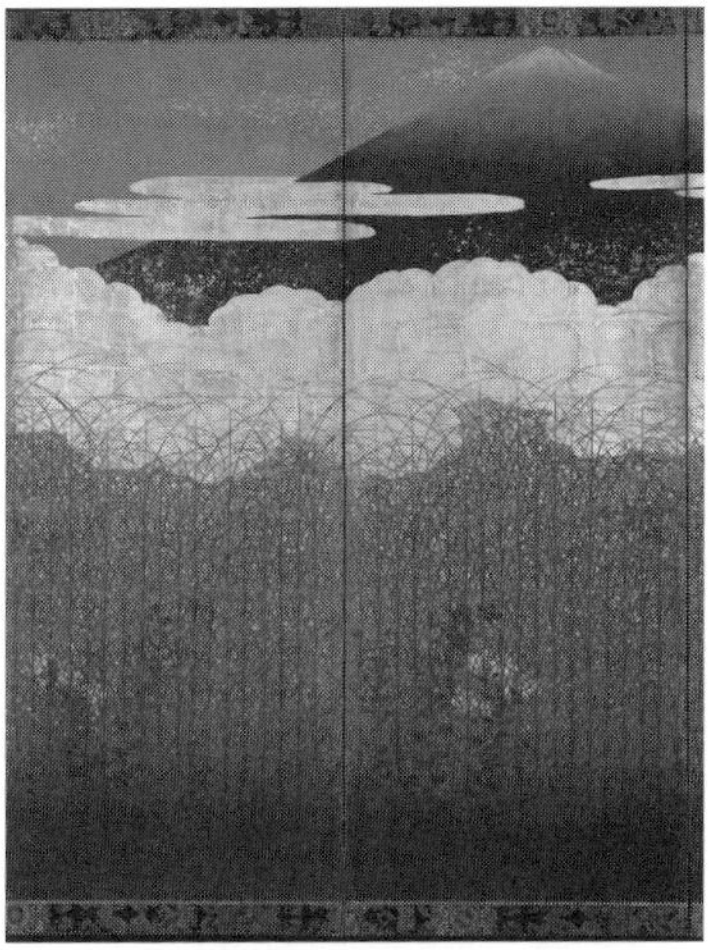

図4－1　《武蔵野図屏風》（部分）（17世紀）（国立博物館蔵，Image : TNM Image Archives）

　今日、国内で借景を鑑賞できる場所は限られているため、日常的に借景を鑑賞して情趣を感じているという人は少ないだろう。しかし、借景のまねごとを試みることはできそうである。

　本章では先に「富士には月見草がよく似合う」という太宰治の有名なことばを引用したが、武蔵野方面から見える富士山に限定すれば[13]、古くから、ススキの野原の背景に富士山が位置するという構図の絵が描かれてきた。特に、これらのモチーフを屏風絵にした《武蔵野図屏風》は広く知られている（例え

図4－2　歌川広重『不二三十六景』《武蔵野》
（山梨県立博物館蔵）

ば、図4-1）。数ある《武蔵野図屏風》の全てに富士山が描かれているわけではないが、大原（二〇一六）によれば、現存する《武蔵野図屏風》は二七作品であり、このうち九作品に富士山が描かれているということである。また、大原の研究でも言及されているが、江戸時代の浮世絵においても、歌川広重がこの構図で富士山の見える武蔵野の風景を描いている（第3章3節で言及、図4-2）。

　ここで、これらの古来の作品を参考にして、富士山とススキの組み合わせを借景のテーマにすることを考えてみたい。図4-3は、富士山の見える都内の建物の窓の桟《さん》に箱を置き、そこに作り物のススキをあしらって撮った写真である。箱を置いたのは、眼下に広がる都市の風景を隠すためである。作り物のススキとはるかかなたの富士山はあまりつながらないかもしれず、趣のかけらもないかもしれないが、こうした借景風の空間づくりは、様々な場所で試みることができる。近景と遠景がつながったものとして知覚されれば、一見情趣とは無縁の場所でも、趣のある風景が創り出されるのではないだろうか。

(2) 知覚対象としての「間」

芸術作品における「余韻」と関連することばに「間」がある。美学の領域では、西山(一九八三)が、「時間的・空間的に切断された距離感」(一一八ページ)によって創り出される美意識として「間」をとらえている。また、「美的表現としての「間」に関する研究として、「間」によって内面を表現したバレリーナに着目した研究(石黒、一九八三)や、映画作品における無言のシーンに着目した研究(落合、一九八三)等がある。

図4-3 都内の建物の窓から借景風に富士山を眺める試み(筆者撮影)

消費者行動研究の領域では、自由時間の使い方に関する「時間消費行動」の研究が以前から行われており、時間の消費行動には、「成果に満足する」という側面のほかに、「過程を楽しむ」という側面があること(佐々木(土)、二〇〇一)が指摘されている。このことをふまえると、「間」を鑑賞することは、「過程を楽しむ」ということの一つのあり方と言えるかもしれない。

日常的な情趣をもたらすものとしての「間」について調べた消費者行動研究は今のところ存在しないと思われるが、造園研究の分野で、水琴窟音（庭などに置く排水装置だが、水が落下する音を楽しむことができる）の「間」について調べた研究（西田・岸塚、二〇〇五）[14]がある。「間」は一定不変であるより変化があるほうが快適に感じられるであろうという予想のもとに行われた研究である。

西田と岸塚は、自然に任せたかけ流し状態の水琴窟音、人為的に水を散布することによって生じた水琴窟音、水道の蛇口から落ちてくる滴水音等の合計一〇種類の音を収集し、音と音の間の間欠時間を測定し、出現頻度の分布について分析を行った。その結果、自然に任せたかけ流し状態の水琴窟音の間隔時間は、人為的な水琴窟音の間隔時間とは異なり、自然界の様々な「ゆらぎ」の現象と同様に、快適に感じられるとされる分布を示すことが明らかにされた。

西田と岸塚の分析結果を本書の視点からとらえると、水琴窟音を聞くことは、心地よいというだけであれば感覚依存型快楽消費（第1章1節参照）になると言えそうだが、庭園を鑑賞したり、季節の移ろいを実感したりしているときにこの音が耳に入ってくるのであれば、感性型快楽消費になると考えられる。

前述の「借景」が日常的とは言えないのと同様に、現代の日常生活の中で水琴窟に慣れ親しんでいる人は少ないと思われる。だが、小鳥のさえずりや砂浜に寄せる小波など、事象間の「間」を味わうという経験をしたことのある人は多いだろう。出現間隔に変化のある「間」は、等間隔で繰り返される「間」より情趣を感じさせやすいと推測できる。

「間」に関しては、人と人のコミュニケーションの研究もある。中村（二〇〇九）は、スピーチや朗読における「間」に関して自ら行ってきた多数の研究の結果を紹介している。中村によると、朗読者に関しては、感情を込める時の方が、感情を込めない時より、長い「間」を設けており、また「間」の長短の変動が大きかったという。朗読時の呼吸については、感情を込める時の方が感情を込めない時より、深度が大きく、音量も音量変化も大きかったということである。一方、朗読の聴取者に関しては、対面状態における呼吸と非対面状態における呼吸の比較を行ったところ、対面状態のみにおいて、朗読者の呼吸に引き込まれる傾向があったという。

これらの研究結果から、日常生活の中でも、「間」は知覚者の感情反応や認知反応と結びつきやすいと考えられる。例えば、建て付けの悪いドアが不規則に音を立てるときや、タイヤの軋む音が不規則に聞こえてくるときなどは、音そのものに注意を向けると不快になる可能性がある。しかし、「間」に注意を向ければ、寂しそうな音に聞こえたり、哀愁を帯びた音に聞こえたりして、味わい深さが増してくることもあるのではないだろうか。

3節　姿を消してゆく事物

(1) 消えゆく存在であることを示唆する物

消えてゆく物体は、もの悲しさを感じさせやすいように思われる。しかしこのことは実験的に明らかにされているわけではないし、日常生活を振り返ってみても、何かが視界から消えていったからといって、それだけでは情趣は感じられない。消える事物の種類によるのだろうか。

西洋では、一七世紀のオランダで、それまでの絵画で主流であった宗教的主題が衰退し、静物画が自律していったと見られている（尾崎、二〇〇九）。しかし尾崎によれば、オランダ静物画は実は宗教的・寓意的表現を重視していたということである。オランダ静物画においては、「ヴァニタス」（この世のはかなさやむなしさ）が表現されていたのである（尾崎、二〇〇九、岡田（温）、二〇一一）。

尾崎は、当時のオランダ静物画の定番モチーフとして、頭蓋骨、チューリップ、一筋の煙、透明な球体（気泡）をあげている。チューリップはすぐに散ってしまうがゆえに、また、煙は過ぎ去っていく命のはかなさを彷彿させるがゆえに、この世のはかなさやむなしさの表現に用いられたという。

岡田（温）もまた、巨大なシャボン玉（透明な球体）を「諸行無常の諭し」（九一ページ）を象徴するものとしてあげている。森（一九九九）も、一六、一七世紀以降の西洋におけるシャボン玉について、時代による受け止め方の若干の違いを指摘しつつも、むなしさを象徴する図像であったと論じている。

これらのほかに、虹も、はかなさを表す対象として描かれることがある。岡田（温）によれば、西洋絵画における虹は、崇高であることや神秘的であることを示す場合もあるが、廃墟と共に描かれると、栄えても滅びるというはかなさを示すという。虹は、絵画の世界だけではなく文学の世界でも取り上げられている。オクダ（Okuda, 1995）は、ワーズワース（Wordsworth, 1770–1850）の詩やキーツ（John Keats, 1795–1821）の詩などにおいて、虹がはかなさを表していると論じている。

日本ではどうだっただろうか。絵画表現だけに着目して歴史を遡ってみると、こうしたモチーフが描かれることはあっても、はかなさやむなしさという意味はなかなか読み取れない。森（一九九九）は、江戸時代以降の多くのシャボン玉の絵画表現を検討し、シャボン玉はむなしさを象徴する図像ではなく、西洋のような教訓的な意味を持ってはいなかったという結論を導いている。実際、江戸時代の浮世絵を見てみると、シャボン玉が、子どもの遊び道具やシャボン玉売りの商品として描かれていることがわかる(15)。

虹もまた江戸時代の浮世絵に登場しているが、空を彩る鮮やかな対象として描かれていたようであり、はかなさやむなしさを読み取ることはできない(16)。

しかしながら、文学の世界に目を向けると、日本では古くからはかなさやむなしさを象徴する表現がいくつもあったことがわかる。しかも、オランダ静物画のヴァニタス表現に用いられたものと共通点のあるものが用いられてきたことを確認できる。

まず、オランダのチューリップと共通するものについて考えてみたい。散るがゆえにはかなさを表すという点では、日本では桜をあげることができる。

滝川（一九九二）は、無常を歌に詠むという動きは仏教の浸透と共に広まっていき、はかなさを何かにたとえる表現が現れたと指摘している。また、万葉集には落花を詠んだ歌もあったものの、万葉集における落花は概してそれだけを意味していたという。これに対し、古今集では落花が悲哀や動揺を与えるものになったという。滝川は、桜を詠んだ古今集の歌を例としてあげ、「桜の咲き散ることのはかなさを世のはかなさにたとえている」（一一ページ）と解釈している。

煙はどうだろうか。兼好法師の『徒然草』（永積（校注・訳）、一九八六）第七段に、「あだし野の露きゆる時なく、鳥辺山の煙立ち去らでのみ住み果つるならひならば」という有名なくだりがある。兼好法師が記した鳥辺山の煙は火葬の煙であるから、西洋絵画における煙と同一ではないが、立ち昇って消えてゆくことに変わりはなく、共通点はあると言えるだろう。

しかし、日本ではかなさのイメージを最もよく表しているのは、おそらく露だろう。前述の「あだし野の露」に見られるように、人の命を露にたとえた「露と消える」という表現は昔からよく用いられている。鴨長明は『方丈記』（神田（校注・訳）、一九八六）において、人の命を露とうたかた（水泡）に喩えて、無常観について述べている。広く知られている「ゆく河」には、「よどみに浮かぶうたかたは、かつ消え、かつ結びて」や、「いはばあさがほの露に異ならず」といった表現が見られる。(17)

『源氏物語』における露の研究もある。安道（二〇一五）は『源氏物語』における「消えゆく露」の表現に関する分析を行い、「露」の表現が持つ意味の普遍性を見出している。そして、涙やはかなさの象徴としての露が、本人の意識や物語内の人物の認識とつながることによって、臨終表現になっていると見ている。またこれは、読み手にとって、『方丈記』の「あさがほの露に異ならず[18]」への連想を生じるとも指摘している。

したがって、シャボン玉や虹か、露や水泡か、という違いはあるものの、西洋でも日本でも、消えゆく存在がはかなさの表現に用いられてきたと言えそうである。はかなさは、明瞭には知覚できないような弱い快の刺激がついに消えたというときに、感じられやすいのだろう。

もっとも、オランダ静物画における頭蓋骨に相当するモチーフは日本の作品では見当たらないようである[19]。表現がストレートすぎるために、あるいは刺激としての強度が強すぎるために、「もののあはれ」を通り越してしまうのだろうか。また日本では、花鳥画のような絵画作品ではなく、文学作品においてははかなさ表現が多々見られた。このことも、オランダと日本の違いと言えるのかもしれない。しかしこれは、消費の美学の範囲内では解明しにくい問題である。秋の夕暮れの趣（第3章3節参照）と同様に、消費の意味研究（第1章　図1-2）の立場から、あるいは、認知的評価の観点（第3章1節参照）から、アプローチしていくことが必要になると思われる。

(2) かつての賑わいを示唆する事物

物や建物、通りなどが古くなっていくという現象は、消えゆく方向への動きを示唆する。見てすぐわかるようなスピードで変化していくわけではないが、何年、何十年というスパンでとらえれば様変わりしているのである。古びていくものは、しばしば歴史的ノスタルジア（過去の時代に対する思慕）などの情趣を感じさせる。

歴史的ノスタルジアは、自然の多い地方より、都市空間、商業空間において感じられやすいと考えられる。都市空間、商業空間においては、環境の変化が激しいからである。数年前に流行っていた店や、時代の先端を行くと思われた施設がすっかり古く感じられるようになったという経験をしたことのある人は少なくないだろう[20]。

また、かつて栄えていた商業空間が、賑やかさや華やかさを欠いているがゆえに独特の風情を醸し出すということがある。華やかさを欠いていくという変化を直接見たり聞いたりすることはなかったとしても、かつての繁栄の様子がしのばれるのであれば、そうした空間を知覚することは、消えゆく方向への変化を知覚することと類似の経験と言えるだろう。

永井荷風の『日和下駄』（一九一五／一九八六、第3章2節参照）の中に、「路地」という作品がある。荷風は、立派な表通りの間に隠れている路地に注意を向け、「日影の薄暗い路地はあたかも渡船の物《もの》哀《あわれ》にして情趣の深きに似ている」（一九一五／一九八六、五九ページ）、「侘住居《わびずまい》の果敢《はかな》さもある」（同書）と記している。そして、路地に対する荷風自身の関心は、「平民的画趣ともいうべき芸術的感興に基づくもの」（同書、六一ページ）であるという。

坂上（一九七八）によれば、荷風は、近代化により破壊されてゆく江戸文化、江戸情緒に対して愛惜の感情を持ち、使命感を抱きながら、この作品を執筆していたということである。さらに坂上は、荷風は江戸名所に対して「廃滅のロマンティシズム」（二六七ページ）を感じていたがために無限の愛着を抱いていたと指摘している。

路地の情趣の問題を考えるとき、愛着の問題は重要である。というのも、単に閑散としているだけでは、肯定的な反応を引き出しにくいからである。商店街の認知に関するある実証研究（戸田・平野、二〇〇七）では、概して空き店舗率が高い商店街は、活気がないと感じられると同時に、親しみも感じられなくなることが示されている。いわゆる「シャッター通り」のような商店街に親しみを感じるという人は多くないのだろう。しかし、そこまで行かない場合はどうだろう。

戸田・平野の研究の結果を細かく見てみると、空き店舗率が二〇パーセント程度になっても、ある程度親しみが感じられる商店街も少しはあるということがわかる。この研究では、実験参加者は、自分がよく知らない商店街を提示されたが、荷風のように、知覚者の側に愛惜の気持ちがあれば、もの悲しさやもの寂しさ等の情趣を感じるという反応を引き起こしやすいと考えられる。

ただし、愛着が強すぎたり、繁栄期との落差が激しすぎたりすると、第三者としての態度をとることが難しくなり、情趣は感じにくくなるだろう。自分がよく行っていた店が閉店したときや、自分の母校が廃校になったときなどは、美意識としてのもの悲しさやもの寂しさではなく、主観的な悲しさや寂しさ、あるいは、辛さが感じられやすいのではないだろうか。

都内のある区立小学校は、二〇一四年に閉校となった[21]。区立小学校としては一九五四年に開校されたが、その前身となる尋常小学校は、この地に一九二八年に開校されたため、この時点まで遡ると、九〇年近い歴史の幕を閉じたことになる[22]。

この小学校は、閉校が決まったあと、最後の全校児童四一名の制作による（小学校と企業の合同企画による）プラスチックレールが世界最長となり、ギネス世界記録を達成した。閉校直前にこうした華々しいできごとがあったことも、閉校というできごとの印象を強めたと思われる。

閉校後は、閉ざされた門に、感謝のメッセージが掲げられていた。こうした光景を見ると、卒業生は言うまでもないが、この学校を以前から知っている人たちは、第三者的にはなりにくいだろう。そして、ここで学んだ生徒たちや、先生、職員、保護者の方々等に思いを馳せ、寂しい気持ちになりやすいのではないだろうか。しかし、たまたまここを通りかかった人が門に掲げられた感謝のメッセージを見たらどうだろう。特別な感情移入はせず、しみじみとした情趣を感じるのではないだろうか。

ただし、この事例にはその続きがある。五年後の二〇一九年三月に、この小学校の跡地に近隣の区立中学校の新校舎ができあがったのである。新校舎は、春の朝日を浴びて高くそびえ立っていた。消えゆくこととは反対の方向に向かい始めたと言える。今度は逆に、たまたま通りかかった人は、新しい立派な学校が建っているとだけ思うかもしれない。しかし、かつてそこに存在していた小学校を知っている人たちはそうではないだろう。時代の移り変わりを知って感慨深くなったり、新しい時代が来たことを実感して、活気や明るさ、輝かしさを感じたりするかもしれない。これは、広義の情趣経験と言えるだろう。

4節　空想の世界における情趣
――自然界と日常生活を結ぶ空想

（1）自然界と日常生活のつながり

商品のパッケージや広告の中には、商品の中身や使い方を視覚的に示すものもあるが、空想的なものもある。例えば、フランスのあるメーカーのワインの雑誌広告には、シンデレラの舞踏会シーンを思わせる写真が掲載されていたが、よく見ると、舞踏会が繰り広げられているのはテーブルの上であった（堀内、二〇〇六）。シンデレラはレタスのドレスの裾を膨らませ、王子は生ハムのマントを翻しながら優雅に踊っていた（同書）。いくぶんユーモラスではあるが、消費者を空想の世界へと誘うと同時に、優雅、甘美などの情趣を感じさせる広告と言えるだろう。

もっとも、消費者の空想活動はいつも情趣を深めるというわけではない。例えば、どら焼きが大好きという人にとって、有名店のどら焼き食べ放題というイベントを想像することは感覚依存型の快楽（第1章1節参照）を生じるかもしれない。また、どら焼きに関する空想といっても、同じ大きさのどら焼きはいくつまで上に重ねられるかという問題を考える場合は、課題遂行型快楽（第1章1節参照）が生じるかもしれない。どちらも情趣からはほど遠い。

しかし、和菓子が菓子皿に載せられ、緑茶と一緒に、初夏の木漏れ日の差し込む鄙びた和室の座卓に置かれているとなると、情趣が感じられるのではないだろうか。では、どら焼きの食べ放題や積み重ね限界の空想ではなく、鄙びた和室の空想を促す要因は何だろうか。

様々な要因が考えられるが、一つの重要な要因として、自然界とのつながりをあげることができる。武田（恒）（一九九〇）は、日本の絵画史を概観し、「日本人の生活感情のなかに、季節感といったものが浸透し親しまれていた」（五一ページ）ということを、平安時代に成立した四季絵から読み取っている。高階（二〇一五）も、古くから日本人の美意識は自然に寄り添っていたと論じている。高階によれば、江戸時代の浮世絵の名所絵や、今日の観光地の絵葉書などを見ても、建造物だけをとらえたものは稀であり、周囲の自然と一体化しているものが圧倒的に多いということである。

しかし、これは日本だけに見られる現象かというと、必ずしもそうとは言い切れない。イギリスのコンスタブルの風景画（第2章2節参照）では、日常生活に自然界の対象が組み込まれることが、情景の趣を深めていたと考えられる。「ピクチャレスク」（第1章2節参照）に関する研究でも、人工物と自然の同化現象が論じられている。[23] またアメリカの風景研究でも、都市環境において自然の要素が視界に含まれると肯定的感情が増すこと（Ulrich, 1979）が指摘されている。これらのことから、自然との一体化によって趣が増すという現象は、日本だけで起きていたわけではないと思われる。

現代の日本の都市では、季節の移ろいを満喫できるような生活環境にいる人は多くないかもしれない。しかし、自然の要素の少ない都市で暮らしていても、生活環境が部分的に自然環境に同化し、そこから情趣が醸し出されるということはあり得る（Makino, 2018）。例えば、ある人が、夕日に照らされる川面を車窓からぼんやりと眺めていたとする。実際に知覚していたのは、ごく狭い時間、ごく短い時間であっても、空想活動で補うことによって、この人は、初夏のすがすがしさを感じたり、秋の深まりを感じたりすることができる。また、人工的な生活環境であっても、自然界の対象と同様に経年変化すれば、歴史的ノスタルジアやあたたかさなどの情趣が感じられる可能性がある（Makino, 2018）。

こうした例は他にもあげることができるだろう。無味乾燥で何の趣も感じられないような日常生活を送っていても、空想を働かせて自然とのつながりを思い描いたり、季節の移り変わりを思い描いたりすれば、様々な情趣経験が可能になってくるかもしれない。

（2）自然環境に対する比喩的な見方から生じる情趣

消費者行動研究や広告研究の領域では、以前から「ビジュアル・メタファー」に関する研究が行われている（e. g., Deng & Huchinson, 2008；McQuarrie & Mick, 1999）。ビジュアル・メタファーとは、何らかの意味を視覚的な像で比喩的に表現したものを指す。例えば、アーモンドの広告において、皿の上のアーモンドを目に見立て、クロワッサンをにっこりとした口に見立て、ハッピー・フェイスを意味する（McQuarrie & Mick, 1999）といった具合である。

マックォーリーとミック（McQuarrie & Mick, 1999）は、ビジュアル・メタファーも含む様々な視覚的レトリックについて、精緻な情報処理を促すという効果と、（典型的な視覚的表現からの）巧妙な逸脱を行うことによって快楽を感じさせるという効果があると論じている。

このことを本書の視点からとらえると、ビジュアル・メタファーには、認知反応と、快の感情反応を促進する効果があると言える。したがって、ビジュアル・メタファーの用いられた対象を知覚することは、感性型快楽消費か課題遂行型快楽消費を生じると考えられる（第1章　表1-1参照）。見立ての妙を味わうのであれば感性型快楽消費になるだろうし、謎解きの要領でメタファーを理解しようとするのであれば、課題遂行型快楽消費になるだろう。

知覚対象が自然環境の場合はどうだろうか。ビジュアル・メタファーを用いて眺める場合、謎解きの要素が皆無であるとは言えないが、見立ての妙を味わうという要素の方が大きいだろう。そのため、ビジュアル・メタファーを用いずに眺める場合と比べて、情趣が深まる可能性がある。

ただし、ビジュアル・メタファーの中には、人間以外の対象を人間にたとえるとらえ方（擬人化）もある。擬人化に基づくメタファーは、擬人化に基づかないメタファーとは性質が異なるため、区別して扱うとよいと思われる。

以下では、自然環境と結びつくビジュアル・メタファーのうち、擬人化に基づかないメタファーとして「月のしずく」を取り上げ、擬人化に基づくメタファーとして「種まき男」の雪形《ゆきがた》（山を覆う雪が解け始めるとき、雪から現れた部分や残雪が作り出す形）を取り上げ、情趣の観点から論じる。

「月のしずく」が醸し出す情趣

「月の雫（しずく）」ということばを聞いたとき、多くの人は何を思い浮かべるだろうか。冷たく透き通るような水だろうか。あるいはしゃれた和風の飲食店、はたまたしずくを思わせるようなお菓子だろうか。実は、これらはいずれも正解である。「月の雫」あるいは「月のしずく」という名前のついたものには、ブドウを用いた甲府市の銘菓、和風居酒屋チェーン、映画の主題歌、小説、ミネラルウォーター、温泉旅館などがある。なぜこれほど多く「月のしずく」という名前が使われているのだろうか。私たちの身の回りに存在している様々な「月のしずく」に共通点はあるのだろうか。

甲府市では、「月の雫」について、「ブドウにかかった蜜が冷えて白く固まった様子が「ぶどう畑にふり注ぐ月の雫に見えた」と説明している[24]。ここで言う「月の雫」はブドウの砂糖菓子であるから、夜露に濡れたブドウ畑のブドウが月光を浴びて光る様子を思い浮かべることができるだろう。

「月の雫」が居酒屋や旅館の名前として用いられる場合は、このような視覚的イメージが存在しないため、消費者にとっては理解が難しいかもしれないが、それでも「月」や「雫」ということばから、澄んだ美しい情景を思い描くことができるのではないだろうか。商品であれ居酒屋であれ、「月の雫」というビジュアル・メタファーが示されることによって、消費者は涼やかな商品や風情のある店舗を思い描くことができるようになると思われる。

「種まき男」の雪形が醸し出す情趣

空に浮かぶ雲や、春先の山肌に見られる残雪などは空想を生じやすいと考えられる。これらはもともと明確な形を持たないため、いろいろな形に見えるのである。これらのうち、雪形は、季節を示すため、農作業の時期を知る目安になっていたということだが（近田、二〇〇三／二〇〇七）、農業に携わる人々だけが見るのではない。昨今は鑑賞の対象になることの方が多いのではないだろうか。

雪形には、様々な種類がある。特に、種をまく人や馬に見立てるということは、複数の土地で行われている。種をまく人には、種まき男（新潟県）や、種まき爺さん（長野県）、種まき婆さん（長野県）などがある。残雪から現れた形が種をまいている人に見えるのである。毎年、雪形が現れると報道している地方紙もある。雪形は、季節を知らせるだけでなく、趣がある見方だからこそ、多くの人々の関心を引き続けているのだろう。

人間以外の対象をこのように擬人化してとらえる傾向は、発達心理学の分野では幼児期の「アニミズム」（無生物を生物であるかのようにとらえる現象）の問題（Piaget, 1926/ 1947, 大伴（訳）、一九九五）として以前から研究されてきたが、成人においても、無生物を生物のイメージでとらえる傾向があること（例えば、池内、二〇一〇、牧野、一九九二、大元、一九八八）が知られている。成人の場合は比喩的にとらえるのであり、幼児期のアニミズムとは異なるということを指摘した研究（e. g., Looft & Bartz, 1969）や、比喩的なアニミズム反応は発達とともにむしろ増加するということを示した研究（大元、一九九〇）もある。

消費者行動研究の分野では、商品の擬人化について研究が行われてきた。例えば、自動車の左右のヘッドライトを両目に見立てたり、フロントグリルを口に見立てたりする実験研究（Aggarwal & McGill, 2007）がある。[25] このほか、自分の所有物について、その特徴を「怒りっぽい」、「信頼できる」等、人間の性格に当てはめてとらえると、品質が良くないと思っていても、他の物と取り替えようと思う程度は低いということ（Chandler & Schwartz, 2010）が、実験によって明らかにされている。

私たちの身の回りを見ても、擬人化された商品は大変多い。だがそうした商品は、趣があるとは感じられにくく、「かわいい」などと感じられやすいようである。近年全国各地で数多く誕生している「ゆるキャラ」の中にも、擬人化された対象は非常に多いが、かわいいと感じられるか、ユーモラスと感じられるような対象が多いだろう。趣のある「ゆるキャラ」というものも想像できなくはないが、どうしても、かわいいといった印象の方が強くなってしまうのではないだろうか。

これらのかわいらしい擬人化と、「種まき男」や「種まき婆さん」のような趣のある擬人化の一番の違いは何だろうか。それはおそらく、顔らしいものがあるか、顔が表されていないかということだろう。

顔の認知は物体の認知とは性質が異なると言われている（例えば、上田、二〇一六、山口（真）、二〇〇四）。顔を認知するときは、物体を認知するときと比べて、精密な処理が可能であるという。倉持・杉浦（一九九九）は、人の顔写真と物（時計とポット）の写真を、解像度や濃度を変えて提示し、何の写真かがわかるまでの時間を比較し、わかるまでの時間は顔写真の方が短いということを明らかにした。

顔の認知においては、目が大きな役割を果たすこと（松田（祐）他、二〇〇八、坂本他、二〇一九）が指摘されているが(26)、典型的な配置に関する情報が重要であること（Maurer, Le Grand, & Mondloch, 2002；上田、二〇一六、山口（真）、二〇〇四）も知られている。目が二つ並び、真ん中に鼻があり、その下に口があるという配置のことである。イン（Yin, 1969）の実験では、顔を逆さにして提示し、位置関係をわかりにくくすると、記憶（ここでは、再認テストの成績を指す）が悪くなることが示された。しかもこのような成績低下は、家や飛行機を見る場合と比べて、顔を見る場合に顕著であるという。このことは、顔の認知における目・鼻・口の配置の重要性を物語っている。

雪形の「種まき男」や「種まき女」には、ここが目である、口である、というような場所はない。輪郭が全体的に種をまいている人のように見えるというだけである。顔のない雪形は、各地の「ゆるキャラ」などと比べて刺激強度が弱いのであり、目・鼻・口が描かれている刺激ほど覚醒ポテンシャルが高くないと考えられる。逆に、山肌を顔として認識してしまったら、覚醒ポテンシャルが高くなりすぎてしまい、情趣は感じられにくくなると予想できる（第4章扉挿絵）。

「種まき男」の雪形は、杉みき子氏の『春のあしおと』（杉、一九七二）という文学作品の題材にもなっている。これは、新潟県妙高山の「跳ね馬」と南葉山の「種まき男」を描いた作品である。あらすじは次の通りである。

花見も間近という季節の晩に少年が一人で歩いていると、馬の足音と、人が裸足で走るような音が聞こえてきた。少年は少し怖くなって立ちすくんだが、「急げや」という声とともに、足音は少年を追い越して遠ざかっていった。翌朝、少年は、妙高山と南葉山のいただきに「はね馬」と「種まき男」の姿が浮かび上がっているのを見た。そして、前日の夜の不思議な経験の答えを知った。

作者はこの地方の出身ということだが（古谷（綱）、一九七二）、出身者ではなくても、山の残雪から浮かび上がる「はね馬」と「種まき男」に思いを馳せることはできるだろう。私たちは、空想活動も含めた日常生活の中で、様々な形で情趣を感じているのである。

注

（1）イメージの問題は、認知心理学の領域では黎明期から検討されており（乾（敏）、二〇一三）、脳活動に関する研究では、目を閉じたまま視覚像を思い描くと実際に見ているときと同様の脳活動が生じることが明らかにされている（乾（敏）、二〇一三、Kosslyn et al., 1993）。

（2）消費経験論を掲げたホルブルックとハーシュマン（Holbrook & Hirschman, 1982, 第1章1節参照）は、消費者の空想（fantasies）と感情（feelings）と楽しみ（fun）に着目した。

（3）数日、数か月、数年など、長期にわたって蓄えられている知識やできごとの記憶等のことである。

（4）バートレットは社会の中で記憶がどのように変容していくかという問題に対して大きな関心を持っていたと思われるが、本書では個人内の記憶変容に関する部分を引用する。

（5）第2章注43と同様、原書では「被験者（subject）」と表記されている。
（6）以下の①から③までの訳は、宇津木・辻の訳（六六ページ）による。
（7）その後の他の研究者たちの研究によって、人間の記憶は正しく保持されることもあるということが示されたが、バートレットの研究は完全に否定されたり覆されたりすることはなく（e.g., Ost & Costall, 2002）、現在に至っている。
（8）三日月の条件では六五パーセントの実験参加者が、また文字Cの条件では四八パーセントの実験参加者が、ことばに引きずられた絵を再生していた。
（9）京都大学名誉教授苧阪直行先生よりご教示を賜った。
（10）大畑の論考では「余情」ということばが使われているが、印象が強められることを指しているため、知覚経験終了後に印象が残るという意味での余韻と同義と判断した。
（11）山口（敬）他の研究は、「余韻」の研究として行われているわけではないが、「趣を成す」、「景趣」、「風情」といったことばが分析対象に含まれているため、本章で論じている「余韻」に通じると考えられる。
（12）山口（敬）他は、駒・村井・森谷（一九九一）の資料を分析対象としており、本書でもこれを参照した。
（13）武蔵野とは、現在の東京・埼玉・神奈川の一部の平野地帯を指す（柴橋、二〇一三）。
（14）この研究では「余韻」という語が用いられているが、一つの音から次の音までの間隔によって生じる心地よさを指しているため、本書では「間」の研究に含めた。
（15）シャボン玉が描かれている浮世絵には、葛飾北斎《新板大道戯図》「石町」、歌川広重《江都名所》「かすみかせき」などがある。
（16）虹が描かれている浮世絵には、歌川広重《名所江戸百景》「高輪うしまち」、歌川国芳《東都名所》「するがだひ」などがある。

（17）森（一九九九）も『方丈記』のこの箇所に言及している。そして、「人間は泡沫なり」という、ローマ時代の思想と共通する人間観があると論じている。しかし、シャボン玉に類するものとしてうたかたをあげており、シャボン玉とは異なるモチーフとして露を取り上げている本書とは、とらえ方が異なる。
（18）安道の論文では漢字表記の「朝顔」であったが、本書では表記統一のため、先に引用した神田（校注・訳）の『方丈記』に合わせてひらがな表記とした。ただし、神田（校注・訳）の『方丈記』の底本には、片仮名で「アサカホ」と記されている。
（19）日本でも、頭蓋骨が描かれた絵画はあるが、花鳥画ではなく、大概妖怪画である。この他に、人物の着物の柄として頭蓋骨が描かれている浮世絵などはある。
（20）日常生活の目まぐるしい変化によって喚起される歴史的ノスタルジアについては、拙著（牧野、二〇一五）でも述べた。
（21）この小学校は他校と統合されたため、廃校ではない。
（22）ただし、この間の一九四五年には戦災により校舎が焼失している。
（23）今村（二〇一七）は、プライス（Price, 1794）の著作に基づき、「ピクチャレスク」な美の典型とされる廃墟を、人工物が自然と同化してできあがった建築物としてとらえている。
（24）甲府市「甲府ブランド」「月の雫」（https://www.city.kofu.yamanashi.jp/welcome/brand/tukinosizuku.html）（二〇一九年三月五日アクセス）。
（25）三つの研究から成る論文であり、その中の一つが自動車を擬人化する実験研究である。
（26）目はかわいいという印象を生じるばかりではなく、怖さや緊張感を生じる場合があること（例えば、坂本他、二〇一九）も、これまでに指摘されている。

おわりに——日常生活と学問

日常的な事象に対する関心を追究していくと、法則の発見につながることがある。一つの例として、乾燥豆を用いてやわらかい煮豆を作るということについて考えてみたい。多くのレシピには、予め数時間水に浸しておくと書かれているが、その際に食塩や重曹を加えると、煮たときによりやわらかくなることが以前から知られている。著名な料理研究家であった土井勝氏の黒豆のレシピ（土井、一九六〇）には、砂糖や醤油の他に、重曹小さじ一杯と塩小さじ一杯を入れて四~五時間ほど湯につけておくと書かれている。ちょっとした「こつ」なのだろう。では、なぜそうするとよいのだろうか。

牧野（秀）・畑江・島田（一九八七）は、五〇グラムの大福豆（白インゲン豆の一種）を食塩水に浸しておく条件[1]と、水道水に浸しておく条件[2]を設け、浸漬豆および煮豆におけるカルシウム量の条件間比較、煮豆における種皮の磨砕残渣率（磨砕されやすさ）の条件間比較、煮豆におけるペクチン質の画分[3]および各ペクチンの含量の条件間比較等を行った。ペクチン質とは、植物の細胞壁および細胞間物質の主な構成成分であり、水溶性のペクチンや、水に不溶のプロトペクチンなどの総称である（日本調理科学会（編）、二〇〇六、真部、二〇〇二）。ペクチン質は細胞壁中ではカルシウムイオンによって不溶性になっており、細胞を接着し、細胞組織に適当な硬さを与えている（日本調理科学会（編）、二〇〇六）。

牧野（秀）・畑江・島田の実験では、食塩水に浸した豆は、水道水に浸した豆より、カルシウム量が少なく、カルシウムが結合しているペクチンも少ないことが示された[4]。このことから、食塩水に浸してから煮る条件では、組織中のカルシウムが溶出してペクチン質が変化し、細胞壁構造の強度低下に寄与したと考えられるという。また、食塩量の測定から、食塩水に浸した条件においてナトリウム量が増えたことが示されたが[5]、ナトリウム量の増加はカルシウムの減少を促したと考えられるという[6]。

近年は、豆類を一パーセント前後の食塩水に浸しておくと、「細胞壁ペクチンのカルシウムやマグネシウムイオンがナトリウムに置き換わって、ペクチンが溶けやすくなる」（McGee, 2004, 香西（監訳）、北山（薫）・北山（雅）（訳）、二〇〇八、四七五ページ）という知見が得られている。前述の研究や、関連する諸研究の延長線上で、より一般的な法則が導かれていると考えられる。

日本調理科学会では、「調理には『こつ』と呼ばれる要点があり『こつ』が真実であるならばそこには科学があるはずとの信念」（高橋（節）、一九九七、一〇五ページ、元学会長・故松元文子先生のことばとして紹介されている）を持って研究が進められてきたという。そうは言っても料理人の職人技には勘やセンスや経験が大事なのであり、科学とは違うという見方もあるかもしれない。だがマギー（McGee, 2004）によれば、今日では多くの料理学校に「実験」の科目が設置されているということである。また、フランス料理のシェフによって執筆された「科学的調理」（水島、二〇一五、一ページ）のクッキングブックなども出版されている。

日常的な事象に対する関心を出発点とする考え方は、本書の姿勢にも通じる。本書では、日常生活の中の趣という、身近な事物に対する感じ方をテーマとした。例えば、秋の夕暮れは、『新古今和歌集』の「三夕の歌」にも詠まれているように、日本では情趣に富んでいると昔から考えられてきた（第3章3節参照）。現在では和歌を詠む人はそう多くないであろうが、秋の夕暮れにはもの悲しい響きがあると思う人が依然として多いのではないだろうか。そうであるとしたら、それはなぜだろう。一見当たり前と思われることでも、本当に当たり前なのか、なぜ当たり前なのかと改めて考えてみると、うまく説明できない場合が案外多いように思う。そもそも秋の夕暮れということばは、季節と時間帯を特定しているだけであり、場所は特定していないのであるから、分析的に考えるとますます難しくなってくる。動物園の秋の夕暮れやデパートの秋の夕暮れなども、もの悲しいと感じられるだろうか。

日本の自然環境に照らしてとらえたとき、秋の夕暮れのどのような要素がもの悲しさを生じるのか。日本以外の国の人は秋の夕暮れをもの悲しいと感じているのか。こうしたことを突きとめようとするならば、この問いは自ずと学術的な問いになってくる。

イタリアの作曲家ヴィヴァルディ（一六七八―一七四二）の名曲「四季」には、各季節の各楽章に詩が添えられているが、秋の詩は、農民が豊作を祝って踊ったり狩人が猟に出かけたりする場面を描写しており（I MUSICI, 2017）、もの悲しい場面を描いてはない。なぜだろうか。猟に出かけるのは通常夕方ではないから、というだけの理由ではないだろう。

一方、第2章2節で紹介したスコットランドのアリソン（Alison, 1790/1968）は、晴れた日の秋の夕暮れの情景について、それだけでも充分美しいが、夕刻を告げる鐘が鳴ると付加的なイメージのつながりが生じ、ますますすばらしいものとして感じられると論じている。アリソンによると、この最も「ピクチャレスク」（第1章2節参照）な情景の効果は、楽しさのイメージの中にも存在するが、メランコリーと悲しさのイメージの中に存在するということである。アリソンのとらえ方には、秋の夕暮れはもの悲しいという日本古来の美意識と共通の部分が含まれているように思える。

そこでこうした例を手がかりにしてもう一歩踏み込めば、先に掲げた問いが、美学的な問いになったり、文学的な問いになったり、心理学的な問いになったりしてくるだろう。またそうした問いに対する答えを導き出すことができれば、その答えは、分野を超えて様々な現象の説明に用いられるようになるかもしれない。

芸術に関しては、「芸術は長く人生は短し」といったことわざや、芸術は時空を超えるという見方（千住、二〇〇四）があるが、時間や空間を超越するのは芸術だけではないだろう。静かな朝の海を眺めていると、そう思えてくる。五百年前の人も千年前の人も、現代の朝の海と同じような朝の海を眺め、寄せては返してゆく波と波の間（第4章2節参照）を味わっていたかもしれない。

私はかねてより、独自の説を打ち出している本や論文は、著者がこの世からいなくなってからのち

朝の海 （筆者撮影）

にこそ、つまり、著者に直接話を聞けなくなったあとにこそ、真価を発揮すると思っている。著者の考えを知るための手段としては、そうした文献に頼ることしかなくなっている場合が多いからである。もっともこれは、古い本や論文を読んで感銘を受けたときに、読者の立場から感じることである。著者の立場に戻ってみると、時代を超えて読まれるような本や論文を書くことなどは到底できそうにない。

私は、実家の居間で両親に話すようなつもりでこの本の土台を固めていった。私にとっては、そこが日常の出発点であり、ぼんやりと浮かんできた疑問をことばにしていく最初の場だからである。

本書の執筆にあたっては、多くの方々のお世話になりました。第2章3節の執筆にあたっては、福島市教育委員会文化課文化財係（当時）の梅津司氏に大変お世話になりました。第4章2節の執筆にあたっては、京都大学名誉教授苧阪直行先生より貴重なご助言を賜りました。晃洋書房編集部の吉永恵利加氏には、本書の執筆全般にわたり大変お世話になりました。カバー表袖・裏袖に東京駅のカラー写真（第3章2節で詳述）を入れるというアイディアは、吉永氏によるものです。心より御礼申し上げます。

二〇一九年七月二六日

牧野　圭子

注

（1）濃度0.7%（w/w），200ml，20℃、五時間という条件であった。
（2）分量・温度・時間は食塩水に浸す条件と同一であった。
（3）両方の煮豆の子葉および種皮における水溶性ペクチン、メタリン酸塩可溶性ペクチン、塩酸可溶性ペクチンが抽出され、測定された。
（4）子葉と種皮ともに、食塩水に浸してから煮る条件の方が、水道水に浸してから煮る条件より、メタリン酸塩可溶性ペクチンが少ないということが示された。
（5）どちらの条件でも加熱前に表面の水分が濾《ろ》紙で除かれており、併せて行われた官能検査（味や食感等について、実際に試飲・試食して評価してもらうテスト）（第3章注12と同様）では、食塩水に浸しておく条件でも塩味は感じられないという結果が得られている。
（6）この研究の先行研究としてあげられている大根の塩蔵に関する研究において、ナトリウム量とカルシウム量は負の相関関係を示したということである。

《著者紹介》

牧野圭子（まきの　けいこ）

東京生まれ。1990年、お茶の水女子大学家政学部児童学科卒業。京都大学大学院文学研究科心理学専攻修士課程修了。同、博士後期課程学修退学。京都大学　博士（経済学）。静岡県立大学経営情報学部助手、成城大学文芸学部講師、准教授等を経て、現在、成城大学文芸学部教授。著書に、『「快楽消費」の追究』（2001年、白桃書房）、『〈快楽消費〉する社会』（2004年、中公新書）、『消費の美学』（2015年、勁草書房）。

日常生活の中の趣
――情趣に関する消費の美学――

2019年８月30日　初版第１刷発行

＊定価はカバーに
表示してあります

著　者　牧野圭子©
発行者　植田　実
印刷者　藤森英夫

発行所　株式会社　晃洋書房
〒615-0026　京都市右京区西院北矢掛町７番地
電話　075（312）0788番㈹
振替口座　01040-6-32280

装丁　尾崎閑也

印刷・製本　亜細亜印刷㈱

ISBN978-4-7710-3240-8

引用文献著者名索引
（洋書については原書著者名のみ）

あ　行

か　行

さ　行

た　行

な　行

は　行

ま　行

や　行

ら　行

わ 行

アルファベット

事項索引

あ　行

か　行

さ　行

引用文献

阿部俊子（全訳注）(1979).『伊勢物語』(上). 講談社.

Aggarwal, P. & McGill, A. L. (2007). Is that car smiling at me? Schema congruity as a basis for evaluating anthropomorphized products. *Journal of Consumer Research*, 34 (4), 468–479.

Alison, A. (1968). *Essays on the nature and principles of taste.* Hildesheim, Germany: George Olms Verlagsbuchhandlung. (First published 1790)

Altick, R. D. (1978). *The shows of London.* Cambridge: Harvard University Press.(オールティック, R. D.(著), 浜名恵美・高山宏・森利夫・村田靖子・井出弘之（訳）(1989).『ロンドンの見世物Ⅰ』国書刊行会)

Anand, P. & Holbrook, M. B. (1986). Chasing the Wundt curve: An adventure in consumer esthetics. In R. J. Lutz (Ed.), *Advances in consumer research* (Vol. 13, pp. 655–657). Provo, UT: Association for Consumer Research.

安藤昭・赤谷隆一 (2007).「昆虫（コオロギ科）の発音を刺激とする場合の音の評価に関する日本人とアングロサクソン系欧米人についての比較研究」『土木学会論文集D』63 (2), 233–241.

安道百合子 (2015).「『源氏物語』紫の上他界場面教材化への一視点――「消えゆく露」表現に着目して――」『日本文学研究』(梅光学院大学日本文学会紀要), 50, 1–10.

青田麻未 (2017, 10月).「『それ自体のために』鑑賞する？――対象と無関心性――」第68回美学会全国大会発表配布資料.

荒川浩和 (2015).「香道具」, 香道文化研究会（編）『香と香道』(第5版, pp. 80–87) 雄山閣.

有田洋子 (2013).「日本美術の諸様式を言語化して理解させる鑑賞教育方法――キャッチフレーズによる仏像様式の鑑賞――」『美術教育学』(美術科教育学会誌), 34, 33–47.

有吉保（全訳注）(1983).『百人一首』. 講談社.

Arnheim, R. (1985). The other Gustav Theodor Fechner. In S. Koch & D. E. Leary (Eds.), *A century of psychology as science* (pp. 856–865). New York: McGraw-Hill.

朝日新聞（2006, 10月27日).「『つるべ落とし』は本当？」, [朝日新聞], 12版, 朝刊, 25面.

綾部早穂（2007).「ニオイの認知・記憶」, 大山正・今井省吾・和氣典二・菊地正（編）『新編　感覚・知覚ハンドブック　Part 2』(pp. 499–505). 誠信書房.

綾部早穂・杉山東子（2014).「嗅覚」, 綾部早穂・熊田孝恒（編）『スタンダード感覚知覚ハンドブック』(pp. 91–108）サイエンス社.

Bailey, A. (2006). *John Constable: A kingdom of his own.* London: Chatto & Windus.

Ball, L. J., Shoker, J., & Miles, J. N. V. (2010). Odour-based context reinstatement effects with indirect measures of memory: The curious case of rosemary. *British Journal of Psychology,* 101 (4), 655–678.

Bartlett, F. C. (1932). *Remembering: A study in experimental and social psychology.* Cambridge, U. K.: Cambridge University Press.（バートレット, F. C.（著), 宇津木保・辻正三（訳）(1983).『想起の心理学』誠信書房）

Baumgarten, A. G. (1750/ 1758). *Aesthetica,* Frankfurt an der Oder.（バウムガルテン, A. G.（著), 松尾大（訳）(2016).『美学』講談社）

Berlyne, D. E. (1967). Arousal and reinforcement. In D. Levine (Ed.), *Nebraska symposium on motivation* (pp. 1–110). Lincoln, NE: University of Nebraska Press.

Berlyne, D. E. (1971). *Aesthetics and psychobiology.* New York: Meredith Corporation.

Berlyne, D. E. (1973). The Vicissitudes of aplopathematic and thelematoscopic pneumatology (or the hydrography of hedonism). In D. E. Berlyne & K. B. Madsen (Eds.), *Pleasure, reward, preference* (pp. 1–33). New York and London: Academic Press.

Berlyne, D. E. (1974). The new experimental aesthetics, In D. E. Berlyne (Ed.), *Studies in the new experimental aesthetics: Steps toward an*

objective psychology of aesthetic appreciation (pp. 1–26). Washington, D. C.: Hemisphere Publishing Corporation.

Berlyne, D. E. (2014). *Conflict, arousal, & curiosity.* Mansfield Centre, CT: Martino Publishing. (First Published 1960)

Berlyne, D. E. & Boudewijns, W. J.(1971). Hedonic effects of uniformity in variety. *Canadian Journal of Psychology,* 25 (3), 195–206.

Bloch, P. H., Brunel, F. F., & Arnold, T. J. (2003). Individual differences in the centrality of visual product aesthetics: Concept and measurement. *Journal of Consumer Research,* 29 (4), 551–565.

Brady, E. (2003). *Aesthetics of the natural environment.* Tuscaloosa, AL: The University of Alabama Press.

Braun, K. A. (1999). Postexperience advertising effects on consumer memory. *Journal of Consumer Research,* 25 (4), 319–334.

Buechel, E. C. & Townsend, C. (2018). Buying beauty for the long run: (Mis)predicting liking of product aesthetics. *Journal of Consumer Research,* 45 (2), 275–297.

Bullough, E. (1970). 'Psychical distance' as a factor in art and an aesthetic principle. In M. Weitz (Ed.), *Problems in Aesthetics,* Reprinted (Second ed., pp. 782–792). New York: Macmillan Company. (First published 1912)

Burke, J. (1976). *English art, 1714–1800.* Oxford: Oxford University Press, Clarendon Press.

Carlson, A. (2009). *Nature and landscape: An introduction to environmental aesthetics.* New York: Columbia University Press.

Carmichael, L., Hogan, H. P., & Walter, A. A. (1932). An experimental study of the effect of language on the reproduction of visually perceived form. *Journal of Experimental Psychology,* 15 (1), 73–86.

Casasanto, D. & Dijkstra, K. (2010). Motor action and emotional memory. *Cognition,* 115 (1), 179–185.

Chandler, J. & Schwartz, N. (2010). Use does not ragged the fabric of friendship: Thinking of objects as alive makes people less willing to replace them. *Journal of Consumer Psychology,* 20, 138–145.

Charters, S. (2006). Aesthetic products and aesthetic consumption : A review. *Consumption, Markets and Culture*, 9 (3), 235-255.

Chaudhuri, A.(2006). *Emotion and reason in consumer behavior.* Burlington, MA and Oxford, OX, UK : Butterworth-Heineman.(チョードリー, A.(著), 恩蔵直人・平木いくみ・井上淳子・石田大典(訳)(2007).『感情マーケティング――感情と理性の消費者行動――』千倉書房)

Cherry, E. C. (1953). Some experiments on the recognition of speech, with one and with two ears. *Journal of the Acoustical Society of America*, 25 (5), 975-979.

Chmiel, A. & Schubert, E. (2017). Back to the inverted-U for music preference : A review of the literature. *Psychology of Music*, 45 (6), 886-909.

張小鋼(Zhang, X-G.)(2007).「浮世絵に映る瀟湘八景――江戸時代における日本人異文化受容の空間意識――」『金城学院大学論集』(人文科学編), 4 (1), 81-93.

Chu, S. & Downs, J. J. (2002). Proust nose best : Odors are better cues of autobiographical memory. *Memory & Cognition*, 30 (4), 511-518.

Clark, K.(1976). *Landscape into art* (New edition). London : John Murray (Publishers) Ltd. (First Published 1949).(クラーク, K.(著), 佐々木英也(訳)(2007).『風景画論』筑摩書房)

Dalton, P. (1996). Odor perception and beliefs about risk. *Chemical Senses*, 21 (4), 447-458.

Damasio, A. R. (2000). *The feeling of what happens : Body, emotion and the making of consciousness.* London : Vintage Books.(First published 1999)(ダマシオ, A. R.(著), 田中三彦(訳)(2003).『無意識の脳　自己意識の脳――身体と情動と感情の神秘――』講談社)

太宰治(1957).「富嶽百景」,『富嶽百景・走れメロス　他八篇』(pp. 51-76). 岩波書店.(初出1939)

Deng, X. & Hutchinson, W. (2008). What you see is what you get : The effects of visual metaphor on consumer response to product design. In A. Y. Lee & D. Soman (Eds.), *Advances in consumer re-*

search (Vol. 35, pp. 144-145). Duluth, MN: Association for Consumer Research.

Dewey, J. (1934). *Art as experience.* New York: Minton, Balch & Company. (デューイ，J.（著），栗田修（訳）(2010)，『経験としての芸術』晃洋書房)

Dewey, J. (2005). *Art as experience.* New York: The penguin Group (USA). (First published 1934)

土井勝（1960）．『基礎日本料理』柴田書店．

Dowling, C. (2010). The aesthetics of daily life. *British Journal of Aesthetics,* 50 (3), 225-242.

Dudukovic, N. M., Marsh, E. J., & Tversky, B. (2004). Telling a story or telling it straight: The effects of entertaining versus accurate retellings on memory. *Applied Cognitive Psychology,* 18, 125-143.

Eysenck, H. J. (1973). Personality and the low of effect. In D. E. Berlyne & K. B. Madsen (Eds.), *Pleasure, reward, preference* (pp. 133-166). New York and London: Academic Press.

Fechner, G. T. (1997). Various attempts to establish a basic form of beauty: Experimental aesthetics, golden section, and square (M. Niemann, J. Quehl, & H. Höge, Trans.), *Empirical Studies of the Arts,* 15 (2), 115-130. (First published 1876)

Fechner, G. T. (2013a). *Vorschule der Aesthetik* (Second ed., Vol. 1). Cambridge, U. K.: Cambridge University Press. (Second edition first published 1897, First edition published 1876)

Fechner, G. T. (2013b). *Vorschule der Aesthetik* (Second ed., Vol. 2). Cambridge, U. K.: Cambridge University Press. (Second edition first published 1898, First edition published 1876)

藤貫裕（2018）．「九鬼周造による押韻詩の美の偶然論的解釈――韻の目的なき目的としての果無く驚くべき小宇宙――」美学会関西部会第319回研究会発表資料．

福島県国語教育研究会（編）（1980）．『福島の伝説』．日本標準．

福島民友新聞社編集局（1978）．『ふくしまの風土』．福島民友新聞社．

福島市教育委員会（1964）．『福島市の文化財　福島市文化財報告書』第3集．

福島教育委員会.
福島市教育委員会文化課市史編纂室（編）（2017）.『ふくしま歴史絵巻』福島市教育委員会.
福島市史編纂委員会（編）（1970）.『福島市史』（第１巻　原始・古代・中世）（通史編１）福島市教育委員会.
古田亮（2014）.『特講　夏目漱石の美術世界』（岩波現代全書036）岩波書店.
古谷可由（2011）.「ル・シダネル、そのイメージと実像」，ヤン・ファリノー・ル＝シダネル・古谷可由（監修・執筆）・ブレーントラスト（編）『「アンリ・ル・シダネル」展カタログ』（pp. 121-124）.「アンリ・ル・シダネル」展カタログ委員会
古谷綱武（1972）.「杉さんと郷土」 杉みき子（文）・佐藤忠良（画）『小さな雪の町の物語』（pp. 90-93）. 童心社.
呉永三（2007）.「瀟湘八景図——日本と朝鮮半島でのその受容に関する概論——」（発表要旨）『京都美学美術史学』（京都美学美術史学研究会），６，171-172.
Guilpin, W.（2001）. Three essays : On picturesque beauty ; on picturesque travel, and on sketching landscape（Third edition）. In G. Budge（Ed.）, *Aesthetics and the picturesque 1795-1840*（Vol. 1, pp. 1-183）. Bristol, U. K. : Thoemmes Press（Third edition published 1808, original work published 1792）.
長谷川櫂（2018）.「文学的な朝顔と科学的な朝顔は別」，片山由美子・長谷川櫂・神野紗希「座談会　歳時記の過去・現在・未来」『角川　俳句』（12月号，pp. 64-66）. KADOKAWA.
畑正高（2011）.『香清話』淡交社.
早川美穂（2015）.「マガンの群れの集団力学」（——身近な現象の物理——）『日本物理学会誌』70（９），718-721.
早川聞多（1994）.『与謝蕪村　夜色楼台図——己が人生の表象——』（絵は語る12）平凡社.
Hepburn, R. W.（2004）. Contemporary aesthetics and the neglect of natural beauty. In P. Lamarque & S. H. Olsen（Eds.）, *Aesthetics and the philosophy of art* : The analytic tradition : An anthology（pp. 521-534）. Malden MA : Blackwell Publishing Ltd.（Original work pub-

lished 1966)

Herz, R. S. (1998). Are odors the best cues to memory? A cross-modal comparison of associative memory stimuli. *Annals of the New York Academy of Sciences*, 855 (1), 670–674.

東辻保和 (1962).「『もの』を前項とする連語の検討――中古語の場合――」『論究日本文学』(立命館大学日本文学会), 19, 1 –13.

Hipple, W. J. Jr. (1957). *The beautiful, the sublime, and the picturesque in eighteen-century British aesthetic theory.* Carbondale: The Southern Illinois University Press.

廣木一人 (2013).「はじめに」, 廣木一人 (編)『歌枕辞典』(pp. 1 – 5). 東京堂出版.

Hirsch, A. R., Smell & Taste Treatment and Research Foundation, LTD. (1992). Nostalgia: A neuropsychiatric understanding. In J. F. Sherry, Jr. & B. Sternthal (Eds.), *Advances in Consumer Research* (Vol. 19, pp. 390–395). Provo, UT: Association for Consumer Research.

Hirschman, E. C. & Holbrook, M. B. (1982). Hedonic consumption: Emerging concepts, methods, and propositions. *Journal of Marketing*, 46 (3), 92–101.

久富哲雄 (全訳注) (1980).『おくのほそ道』講談社.

Holbrook, M. B. (1980). Some preliminary notes on research in consumer esthetics. In J. C. Olson (Ed.), *Advances in consumer research* (Vol. 7 , pp. 104–108). Ann Arbor, MI: Association for Consumer Research.

Holbrook, M. B. (1987). What is consumer research? *Journal of Consumer Research*, 14 (1), 128–132.

Holbrook, M. B. (1995). *Consumer research: Introspective essays on the study of consumption.* Thousand Oaks, CA: Sage Publications.

Holbrook, M. B., Chestnut, R. W., Oliva, T. A., & Greenleaf, E. A. (1984). Play as a consumption experience: The role of emotions, performance, and personality in the enjoyment of games. *Journal of Consumer Research*, 11 (2), 728–739.

Holbrook, M. B. & Hirschman, E. C.（1982）. The experiential aspects of consumption : Consumer Fantasies, Feelings, and Fun. *Journal of Consumer Research*, 9（2）, 132–140.
Holbrook, M. B. & Huber, J.（1979）. Separating perceptual dimensions from affective overtones : An application to consumer aesthetics. *Journal of Consumer Research*, 5（4）, 272–283.
Holbrook, M. B. & Zirlin, R. B.（1985）. Artistic creation, artworks, and aesthetic appreciation : Some philosophical contributions to non-profit marketing. In R. W. Belk（Ed.）, *Advances in nonprofit marketing*（Vol. 1, pp. 1–54）. Greenwich, CT : JAI Press.
堀川貴司（1989）.「瀟湘八景詩について」『中世文学』34, 101–110.
堀川貴司（著）・国文学研究資料館（編）（2002）.『瀟湘八景　詩歌と絵画に見る日本化の様相』（原典講読セミナー8）臨川書店.
堀内圭子（2001）.『「快楽消費」の追究』白桃書房.
堀内圭子（2004）.『〈快楽消費〉する社会――消費者が求めているものはなにか――』中央公論新社.
堀内圭子（2006）.「広告から見えてくる文化　食品・飲料の雑誌広告を通じて」真鍋一史（編著）『広告の文化論――その知的関心への誘い――』（pp. 43–63）. 日経広告研究所.
堀内圭子（2008）.「浮世絵風景版画における抒情性の研究――広重の作品を中心として――」太田記念美術館第23回浮世絵研究助成報告書.（未公刊）
堀内圭子（2009）.「消費者の感性の行方――消費生活の中の“風情”――」日本デザイン機構（監修）・水野誠一・伊坂正人・佐野寛・谷口正和・田村国昭（編著）『消費社会のリ・デザイン――豊かさとは何か――』大学教育出版. pp. 123–134.
穂積訓・稲垣照美・福田幸輔（2009）.「虫の音が人の感性に及ぼす影響――コオロギ類の音の音響的特徴と脳波との関係――」『日本感性工学会論文誌』8（4）, 1137–1144.
穂積訓・稲垣照美・渡部濃（2007）.「虫の音が人の感性に及ぼす影響」『日本感性工学会研究論文集』7（1）, 119–126.
市川桃子（2017）.「わび・さびの発見――美意識の深化――」, 中国文化事典編集委員会（編集委員長　竹田晃）（編）『中国文化事典』（pp. 314–315）.

丸善出版.
五十嵐播水（1953）.『句集石蕗の花』創元社.
池内裕美（2010）.「成人のアニミズム的思考――自発的喪失としてのモノ供養の心理――」『社会心理学研究』, 25（3）, 167-177.
今村隆男（2017）.「ピクチャレスクのエネルギー――プライス『ピクチャレスク論』を中心に――」『イギリス・ロマン派研究』41, 1-12.
I MUSICI（2017）.『ヴィヴァルディ：四季』（CD 解説）Warner Classics, Warner Music Japan.
稲森真（2006）.「景観照明」, 照明学会『コンパクト版　照明ハンドブック』（pp. 382-384）. オーム社.
井上毅・佐藤浩一（2002）.「日常認知研究の意義と方法」, 井上毅・佐藤浩一（編著）『日常認知の心理学』（pp. 2-16）. 北大路書房.
乾正雄（1998）.『夜は暗くてはいけないか――暗さの文化論――』朝日新聞社.
乾敏郎（2013）.「認知心理学の歴史」日本認知心理学会（編）『認知心理学ハンドブック』（pp. 2-5）. 有斐閣.
乾敏郎（2018）.『感情とはそもそも何なのか――現代科学で読み解く感情のしくみと障害――』ミネルヴァ書房.
Irvin, S.（2008）. The pervasiveness of the aesthetic in ordinary experience. *British Journal of Aesthetics*, 48（1）, 29-44.
石田佳也・佐々木康之・柴橋大典（2013）.『「もののあはれ」と日本の美』（サントリー美術館・朝日新聞社主催, 展覧会カタログ）. サントリー美術館.
石黒節子（1983）.「おどりのリズムと間」, 南博（編）『間の研究――日本人の美的表現――』（pp. 183-203）. 講談社.
石井淳蔵（1993）.『マーケティングの神話』日本経済新聞社.
厳島行雄（2011）.「記憶の変容」日本認知心理学会（監修）・太田信夫・厳島行雄（編）『記憶と日常』（現代の認知心理学 2）（pp. 242-265）. 北大路書房.
岩﨑陽子（2016）.「アートとしての香り――香りがいかにしてアートになりうるのか――」『嗜好品文化研究』第 1 号, 28-35.
Jaquet, C.（2010）. *Philosophie de l'odorat.* Paris, France: Presses Universitaires de France.（ジャケ, C.（著）, 岩﨑陽子（監訳）, 北村未央（訳）

（2015）．『匂いの哲学――香りたつ美と芸術の世界――』晃洋書房）

神保博行（2015）．「香道の成立と歴史」，香道文化研究会（編）『香と香道』（第５版，pp. 194-201）雄山閣．

嘉村雅江（2013）．「信夫」，廣木一人（編）『歌枕辞典』（pp. 171-172）．東京堂出版．

神田秀夫（校注・訳）（1986）．「方丈記」神田秀夫・永積安明（校注・訳）『完訳　日本の古典第37巻　方丈記　徒然草』（pp. 11-70）．小学館．

Kant, I.（1790）*Kritik der Urteilskraft, Kritik der ästhetischen Urteilskraft.*（カント，I.（著），篠田英雄（訳）（1964）．『判断力批判』（上）岩波書店）

柄谷行人（1981）．「『草枕』について」，夏目漱石（著）（1987）．『草枕』（改版，pp. 213-220）．新潮社．

片桐洋一（2013）．『伊勢物語全読解』和泉書院．

河原純一郎（2015）．「注意選択の段階」河原純一郎・横澤一彦『注意　選択と統合』（シリーズ統合的認知Ｉ，pp. 211-256）勁草書房．

川崎寿彦（1988）．「ティンターン僧院の風景――ピクチャレスクからロマン主義への移行――」川崎寿彦（編）『イギリス・ロマン主義に向けて――思想・文学・言語――』（pp. ３-39）．名古屋大学出版会．

北原保雄（編）（2010）．『明鏡国語辞典』（第２版）．大修館書店．

小林信之（2013）．「秋来ぬと風の音にぞ――アイステーシスと生活世界」*Waseda Rilas Journal*（『早稲田大学総合人文科学研究センター研究誌』）１，７-16．

香道文化研究会編集委員会（2015）．「香道の組香」，香道文化研究会（編）『香と香道』（第５版，pp. 92-180）雄山閣．

駒敏郎・村井康彦・森谷尅久（1991）．『史料　京都見聞記』（第一巻　紀行Ｉ）．法蔵館．

小宮豊隆（1954）．「解説」，夏目漱石（著）『草枕』（第34刷改版，pp. 169-175）．岩波書店．

近田信敬（2007）．『新版　信州雪形ウォッチング』信濃毎日新聞社．（初版2003）

郡田尚子（2009）．「エドワード・ブロウの『心理的距離』概念について」『美学』60（１），85-97．

興梠木盛剛・松田憲・楠見孝（2018）．「物体運動の運動要因が対象への情動

認知に及ぼす影響」『日本感性工学会論文誌』，17（1），1-10.
越野英哉・苧阪満里子・苧阪直行（2013）．「デフォルトモードネットワークの機能的異質性」『生理心理学と精神生理学』31（1），27-40.
Kosslyn, S. M., Alpert, N. M., Thompson, W. L., Maljkovic, V., Weise, S. B., Chabris, C. F., Hamilton, S. E., Raunch, S. L., & Buonanno, F. S.（1993）. Visual mental imagery activates topographically organized visual cortex : PET investigations. *Journal of Cognitive Neuroscience*, 5（3）, 263-287.
Krishna, A.（2013）. *Customer sense : How the 5 senses influence buying behavior.* New York : Palgrave Macmillan.（クリシュナ，A.（著），平木いくみ・石井裕明・外川拓（訳）（2016）．『感覚マーケティング――顧客の五感が買い物にどのような影響を与えるのか――』有斐閣）
九鬼周造（2012）．『偶然性の問題』岩波書店．（初版1935）
Külpe, O.（1998）. Outlines of psychology : Based upon the results of experimental investigation（E. B. Titchener, Trans.）. In R. H. Wozniak（Ed.）, *Classics in psychology, 1855-1914 : A collection of key works*（Vol. 31）. Bristol, U. K. : Thoemmes Press & Tokyo, Japan : Maruzen（First published 1893）
熊坂久美子（2015）．「香道の楽しみ方――『組香』その他――」，香道文化研究会（編）『香と香道』（第5版，pp. 88-91）雄山閣.
倉持敦・杉浦彰彦（1999）．「解像度・濃度変化による輪郭誘導の顔優位性評価」『電子情報通信学会技術研究報告．PRMU，パターン認識・メディア理解』，99（449），1-6．
草薙正夫（1972）．「余情の論理」『美学』，22（4），1-12.
草薙正夫（1973）．『幽玄美の美学』塙書房.
Kusumi, T., Matsuda, K., & Sugimori, E.（2010）. The effects of aging on nostalgia in consumers' advertisement processing. *Japanese Psychological Research*, 52（3）, 150-162.
Lakoff, G. & Johnson, M.（1999）. *Philosophy in the flesh : The embodied mind and its challenge to Western thought.* New York : Basic Books.
Lambert, R.（2005）. *John Constable and the theory of landscape painting.* Cambridge, UK : Cambridge University Press.

Leddy, T.（1995）. Everyday surface aesthetic qualities : “Neat,” “messy,” “clean,” “dirty.” *Journal of Aesthetics and Art Criticism*, 53（3）, 259–268.

Leddy, T.（2005）. The nature of everyday aesthetics. In A. Light & J. M. Smith (Eds.), *The aesthetics of everyday life* (pp. 3–22). New York : Columbia University Press.

Leslie, C. R., J. Mayne (Ed.)（1951）, *Memoirs of the life of John Constable : Composed chiefly of his letters.* London, U. K. : Phaidon Press. (First Published 1843)（レズリー，C. R.（著），メイン，J.（編），斎藤泰三（訳）（1989）．『コンスタブルの手紙——英国自然主義画家への追憶——』彩流社）

Loftus, E. F. & Palmer, J. C.（1974）. Reconstruction of automobile destruction : An example of the interaction between language and memory. *Journal of Verbal Learning and Verbal Behavior*, 13, 585–589.

Looft, W. R. & Bartz, W. H.（1969）. Animism revived. *Psychological Bulletin*, 71（1）, 1–19.

前田育徳会（編刊）（1984）．『尊経閣蔵　三巻本　色葉字類抄』勉誠社．

牧野秀子・畑江敬子・島田淳子（1987）．「食塩水浸漬が煮豆のやわらかさにおよぼす影響」『日本家政学会誌』38（8），719–723．

牧野圭子（1992）．「大人におけるアニミズム的イメージの持ちやすさについて」『日本教育心理学会第34会総会発表論文集』（発達261），p. 70．

牧野圭子（2015）．『消費の美学——消費者の感性とは何か——』勁草書房．

牧野圭子（2016）．「趣があるという感じ方——心理的時間の観点から——」『成城文藝』，235，39–56．

Makino, K.（2018）. An empirical research framework for the aesthetic appreciation of the urban environment. *City, Culture, and Society*, 13, 1–7.

真部孝明（2001）．『ペクチン——その科学と食品のテクスチャ——』幸書房．

Martin, L. J.（1906）. An experimental study of Fechner’s principles of aesthetics. *Psychological Review*, 13（3）, 142–219.

政岡ゆり（2009）．「香り豊かに暮らす——呼吸・嗅覚・情動の脳内関連の視点から——」『心身健康科学』，5（2），4–9．

Maslow, A. H. (1968). *Toward a psychology of being* (Second ed.). New York: D. Van Nostrand Reinhold Company. (First published 1962) (マスロー, A. H. (著), 上田吉一 (訳) (1998). 『完全なる人間　魂のめざすもの』(第2版) 誠信書房)

Maslow, A. H. (1987). *Motivation and personality* (Third ed.). New York: Addison Wesley Longman, Addison-Wesley Educational Publishers. (First published 1954)

松原睦 (2012). 『香の文化史――日本における沈香需要の歴史――』雄山閣.

松田祐児・大澤博隆・大村廉・今井倫太 (2008). 「顔パーツの有無による人の擬人化認識度合いの調査と検討――SRTを用いた擬人化測定法の提案――」『電子通信情報学会技術研究報告』(HCS, ヒューマンコミュニケーション基礎), 108 (317), 41-46.

Maurer, D., Le Grand, R., & Mondloch, C. J. (2002). The many faces of configural processing. *Trends in Cognitive Sciences*, 6 (6), 255-260.

McGee, H. (2004). *On food and cooking: The science and lore of the kitchen* (*Completely revised and updated*). New York: Scribner. (マギー, H. (著), 香西みどり (監訳), 北山薫・北山雅彦 (訳) (2008). 『マギー　キッチンサイエンス――食材から食卓まで――』共立出版)

McQuarrie, E. F. & Mick, D. G. (1999). Visual rhetoric in advertising: Text-interpretive, experimental, and reader-response analyses. *Journal of Consumer Research*, 26 (1), 37-54.

Menninghaus, W., Wagner, V., Wassiliwizky, E., Schindler, I., Hanich, J., Jacobsen, T., & Koelsch, S. (2019). What are aesthetic emotions? *Psychological Review*, 126 (2), 171-195.

Melchionne, K. (2011). Aesthetic experience in everyday life: A reply to Dowling. *British Journal of Aesthetics*, 51 (4), 437-442.

三浦佳世 (1999). 「絵画における時間――視覚要因の分析を通して――」基礎心理学研究17 (2), 121-126.

宮城県伊豆沼・内沼環境保全財団パンフレット「命をはぐくむ・ネイチャーフィールド　伊豆沼・内沼　ラムサール条約登録湿地」

水島弘史 (2015). 『弱火コントロールで絶対失敗しない料理』幻冬舎.

森洋子（1999).『シャボン玉の図像学』未來社.
本居宣長（著）（1796).「源氏物語玉の小櫛」本居清造（再校訂）（1927）『増補　本居宣長全集』第七（pp. 461-785). 吉川弘文館.（初版1902）
本居宣長（著）（1796)・西郷信綱（訳）（1970）「源氏物語玉の小櫛（抄)」石川淳（責任編集）『日本の名著21』（pp. 371-461). 中央公論社.
本居宣長（1797）「兼好法師が詞のあげつらひ」村岡典嗣（校訂）（1934）『玉勝間（上)』（pp 174-176）岩波書店.
本居宣長（著）・子安宣邦（校注）（2003).『排蘆小船・石上私淑言――宣長の「物のあはれ」歌論――』岩波書店.
宗田安正（監修)・学研　辞典編集部（編）（2002).『季別季語辞典』学習研究社.
Murray, K. B. & Bellman, S. (2007). Playing games efficiently: Hedonic learning and loyalty. In G. Fitzsimons & V. Morwitz (Eds.), *Advances in consumer research* (Vol. 34, pp. 247-248). Duluth, MN: Association for Consumer Research.
永井荷風（1911).「銀座」, 野口冨士男（編）（1986）『荷風随筆集（上）日和下駄　他十六篇』（pp. 149-160). 岩波書店.
永井荷風（1915).「日和下駄」, 野口冨士男（編）（1986）『荷風随筆集（上）日和下駄　他十六篇』（pp. 9-102). 岩波書店.
永田英理（2006).「『感情《かんせい》』の歌学史――心敬から芭蕉へ――」『明星大学研究紀要』（日本文化学部・言語文化学科）14, 131-140.
永積安明（校注・訳）（1986).「徒然草」神田秀夫・永積安明（校注・訳）『完訳　日本の古典37　方丈記　徒然草』（pp. 71-380). 小学館.
Naka, M. (1995). One-to twenty-four-year memory for a school campus: Recalled areas and objects. *Japanese Psychological Research*, 37 (2), 91-102.
仲真紀子（2014).「なつかしい記憶となつかしくならない記憶」, 日本心理学会（監修)・楠見孝（編）『なつかしさの心理学――思い出と感情――』（pp. 118-133). 誠信書房.
中島輝賢（編）（2007).『ビギナーズ・クラシックス　古今和歌集』角川学芸出版.
中村敏枝（2009).「コミュニケーションにおける『間』の感性情報心理学」

『音声研究』，13（1），40-52.
Nasar, J. L. & Terzano, K. (2010). The desirability of views of city skylines after dark. *Journal of Environmental Psychology*, 30, 215-225.
夏目漱石（1987).『草枕』(改版). 新潮社. (初出1906)
夏目漱石（1950).「ある藝術家ノ述懐として小説中に出す」『漱石全集』(第二十三巻　日記及断片　下)(pp. 348-349). 岩波書店(初出　1915頃-1916)
夏目漱石（1966).「写生文」『夏目漱石全集　第九巻』(pp. 152-157). 筑摩書房. (初出1907)
Neisser, U. (1978). Memory: What are the important questions? In M. M. Gruneberg, P. E. Morris, & R. N. Sykes (Eds.), *Practical aspects of memory* (pp. 3-24). London: Academic Press.
日本調理科学会（編）(2006).『新版総合調理科学事典』光生館.
日本大辞典刊行会（編）(1973).『日本国語大辞典』(第5巻) 小学館.
日本名著全集刊行會（1928).『謡曲三百五十番集』(日本名著全集　江戸文藝之部　第二十九巻). 日本名著全集刊行會.
新美亮輔（2016).「情景認知」新美亮輔・上田彩子・横澤一彦『オブジェクト認知　統合された表象と理解』(シリーズ統合的認知2) (pp. 65-98). 勁草書房.
西田日和・岸塚正昭（2005).「水琴窟音のもつ余韻効果の解明」『造園技術報告集』3，154-157.
西原達也（1994).『消費者の価値意識とマーケティング・コミュニケーション』(神戸学院大学経済学研究叢書11) 日本評論社.
西村清和（1993).『フィクションの美学』勁草書房.
西村清和（2011).『プラスチックの木でなにが悪いのか　環境美学入門』勁草書房.
西尾実・岩淵悦太郎・水谷静夫（編）(2011).『岩波国語辞典』(第7版　新版). 岩波書店.
西山松之助（1983).「間の美学成立史」，南博（編）『間の研究――日本人の美的表現――』(pp. 115-129). 講談社.
Norman, D. A. (1988). *The psychology of everyday things*. New York: Basic Books. (ノーマン，D. A.（著），野島久雄（訳）(1990),『誰のためのデザイン？――認知科学者のデザイン原論――』新曜社)

Norman, D. A. (2004). *Emotional design, Why we love (or hate) everyday things.* New York : Basic Books. (ノーマン, D. A. (著), 岡本明・安村通晃・伊賀聡一郎・上野晶子 (訳) (2004). 『エモーショナル・デザイン——微笑を誘うモノたちのために——』新曜社)
落合清彦 (1983). 「映像芸術の時間——主として映画からの試論」, 南博 (編)『間の研究——日本人の美的表現』(pp. 221-239). 講談社.
大原由佳子 (2016). 「武蔵野図屛風の研究——島根県立石見美術館本を中心に——」『名古屋大学人文科学研究』(名古屋大学大学院文学研究科), 43-44, 1-15.
大畑健治 (1987). 「『おくのほそ道』と李白詩——冒頭文における踏襲方法——」『日本文学』36 (8), 11-20.
大元誠 (1990). 「児童期におけるアニミズム的思考の『感』的側面」『佐賀大学教育学部研究論文集』39 (1) (Ⅱ), 87-102.
大元誠・秋山弥 (1988). 「『感』的認識としてみたアニミズムに関する発達的研究」『佐賀大学教育学部研究論文集』35 (2) (Ⅱ), 59-69.
大石和欣 (2003). 「コンベンションと革新——牧歌風挽歌における冬の風景——」『放送大学研究年報』, 21, 147-170.
岡田温司 (2012). 『虹の西洋美術史』筑摩書房.
岡田昌彰・福部大輔 (2012). 「堺泉北臨界工業地帯における夜景の評価に関する研究」『土木学会論文集B3 (海洋開発)』68 (2), I_552-I_557.
Okuda, K. (1995). Symbols and imagery of rainbow in English literature——Wordsworth, Shelly, Keats——,『奈良教育大学教育研究所紀要』, 31, 69-84.
大倉隆二 (1996). 「細川藩御用絵師矢野家における雪舟流回帰について」『美学』47 (2), 24-36.
大岡信 (2007). 『新　折々のうた9』岩波書店.
苧阪直行 (編) (2014). 『小説を愉しむ脳——神経文学という新たな領域——』(社会脳シリーズ7) 新曜社.
苧阪直行・越野英哉 (2018). 『社会脳ネットワーク入門——社会脳と認知脳ネットワークの協調と競合——』新曜社.
Ost, J. & Costall, A. (2002). Misremembering Bartlett : A study in serial reproduction. *British Journal of Psychology,* 93, 243-255.

大槻文彦・大槻清彦（1982）．『新編　大言海』．冨山房．

尾崎彰宏（2009）．「オランダ美術における聖と俗」［特集　聖俗のあわい］．『西洋美術研究』15，（pp. 84–99）．三元社．

Patrick, V. M. (2016). Everyday consumer aesthetics. *Current Opinion in Psychology*, 10, 60–64.

Perkins, J. & Cook, N. M. (1990). Recognition and recall of odours: The effects of suppressing visual and verbal encoding processes. *British Journal of Psychology*, 81 (2), 221–226.

Piaget, J. (1947). *La représentation du monde chez l'enfant* (Nouvelle édition) Paris, France: Presses Universitaires de France.（大伴茂（訳）（1955）．『児童の世界観』（臨床児童心理学Ⅱ）同文書院）（原書初版刊行1926）

Price, U. (2001). Essays on the picturesque, as compared with the sublime and the beautiful (New edition, Vol. 1). In G. Budge (Ed.), *Aesthetics and the picturesque 1795–1840* (Vol. 3). Bristol, U. K.: Thoemmes Press (New edition published 1810, original work published 1794).

Proust, M., (1913). *À la recherche du temps perdu*, Du côté de chez Swann. Paris, France: Éditions Gallimard.（プルースト，M.（著），鈴木道彦（訳）（2006）．『失われた時を求めて１　第一篇　スワン家の方へⅠ』集英社）

Rimkute, J., Moraes, C., & Ferreira, C. (2016). The effects of scent on consumer behavior. *International Journal of Consumer Studies*, 40, 24–34.

Rubin, D. C., Groth, E., & Goldsmith, D. J. (1984). Olfactory cuing of autobiographical memory. *American Journal of Psychology*, 97 (4), 493–507.

西鶴学会（編）（1968）．『好色物草子集』（近世文藝資料集10）古典文庫刊．

斎藤恵一・星裕之・川澄正史・斎藤正男（2006）．「テレビゲームと脳活動――機能的MRIによる研究――」バイオメディカル・ファジィ・システム学会誌，８（１），93–98.

Saito, Y. (2007). *Everyday aesthetics.* New York: Oxford University Press.

Saito, Y. (2017). *Aesthetics of the familiar: Everyday life and world-making.* New York: Oxford University Press.
坂上博一（1978）.『永井荷風ノート』桜楓社.
坂本和子・田崎良祐・木谷庸二・三枝亮（2019）.「擬人化エージェントのデザイン変容による印象評価と広告への適用」吉田秀雄記念事業財団　第52次助成研究報告.
實方清（1969）.『日本歌論の世界』弘文堂.
佐々木健一（1995）.『美学辞典』東京大学出版会.
佐々木土師二（2001）.「生活資源としての時間とその消費行動」『流通問題』, 37（1）, 5-12.
佐々木康成・坂東敏博（2014）.「テクスチャの特徴量変化と感性情報――夜景パタンの感性評価に及ぼす光点の大きさの影響――」『同志社大学理工学研究報告』, 55（1）, 85-92.
佐藤明達（2008）「秋の日はつるべ落とし（Ⅲ）」『天文教育』20（1）, 42-44.
沢ふみ江（2006）.『句集　桜橋』角川書店.
宣伝会議（編）（2006）.『マーケティング・コミュニケーション大辞典』宣伝会議.
千住博（2004）.『美は時を超える――千住博の美術の授業Ⅱ――』光文社.
Shaftesbury (Cooper, A. A., The Third Earl of Shaftesbury), L. E. Klein (Ed.) (1999). *Characteristics of men, manners, opinions, times.* Cambridge, UK: Cambridge University Press. (First published 1711)
Sheth, J. N., Gadner, D. M., & Garrett, D. E. (1988). *Marketing theory: Evolution and evaluation.* Hoboken, NJ: John Wiley & Sons.
柴橋大典（2013）.「作品解説　120　武蔵野図屛風」石田佳也・佐々木康之・柴橋大典（編）.『「もののあはれ」と日本の美』（サントリー美術館・朝日新聞社主催, 展覧会カタログ）（p. 209）. サントリー美術館.
Silvia, P. J. (2005). Emotional responses to art: From collation and arousal to cognitive and emotion. *Review of General Psychology,* 9 (4), 342-257.
塩入秀敏（2003）.「歌枕と観光――歌枕『久米路橋』と長野県信州新町の観光――」『観光文化研究所報』（上田女子短期大学観光文化研究所）, 創刊

号，1－9．

新村出（編）（2018）．『広辞苑』（第7版）．岩波書店．

Sibley, F.（1959）. Aesthetic concepts. *Philosophical Review*, 68（4），421–450.

荘厳瞬哉（2013）．「感情」藤永保（監修）・内田伸子・繁桝算男・杉山憲司（責任編集）『最新　心理学事典』（pp. 87–88）．平凡社．

Solomon, M. R.（2013）. *Consumer Behavior: Buying, Having, and Being.*（10th ed.）Hoboken, NJ: Pearson Education, Inc.（ソロモン, M. R.（著），松井剛（監訳），大竹光寿・北村真琴・鈴木智子・西川英彦・朴宰佑・水越康介（訳）（2015）．『ソロモン　消費者行動論［上］』丸善出版）

Stecker, R.（2010）. *Aesthetics and the philosophy of art: An introduction.*（Second ed.）Lanham, MD: Rowman & Littlefield Publishers.（ステッカー，R.（著），森功次（訳）（2013），『分析美学入門』勁草書房）

Stern, B. B.（1992）. Nostalgia in advertising text: Romancing the past. In J. F. Sherry Jr. & B. Sternthal（Eds.），*Advances in consumer research*（Vol. 19, pp. 388–389）. Provo, UT: Association for Consumer Research.

杉みき子（1972）．「春のあしおと」杉みき子（文）・佐藤忠良（画）『小さな雪の町の物語』（pp. 87–89）．童心社．

杉本徹雄（2012）．「消費者行動への心理学的接近」杉本徹雄（編著）『新・消費者理解のための心理学』（pp. 26–38）．福村出版．

鈴木廣之（1993）．「瀟湘八景の受容と再生産――十五世紀を中心とした絵画の場――」『美術研究』（東京文化財研究所），358，1－21．

高橋晃（1994）．「情動」重野純（編）『キーワードコレクション　心理学』（pp. 246–251）．新曜社．

高橋睦郎（2014）．「沈黙に学ぶ」，角川学芸出版（編）『俳句』（10月号），96–101．KADOKAWA．

高橋節子（1997）．「新形質米の開発と調理科学」『日本調理科学会誌』30（2），p. 105．

高階秀爾（2015）．『日本人にとって美しさとは何か』筑摩書房．

武田忠治（著）・矢部洋一（写真）（2004）．『四季の情景，古都の情趣　京都』舵社．

武田信孝（2018-2020）.「アンリ・ル・シダネル　雪」廣川暁生・南田奈穂・宮澤政男（編）・ハミルトン，V.・千足伸行・伊藤鮎・高山百合・武田信孝・宮澤政男・森万由子・山下寿水『印象派への旅　海運王の夢　バレル・コレクション』（pp. 116-117）．毎日新聞社.
武田恒夫（1990）.『日本絵画と歳時　景物画史論』ぺりかん社.
竹内整一（2007）.『「はかなさ」と日本人　「無常」の日本精神史』平凡社.
滝川幸司（1992）.「桜が散ること——古今集桜歌の漢詩文基盤——」.『詞林』（大阪大学古代中世文学研究会）12，１-21
田中圭子（2012）.『薫集類抄の研究』三弥井書店.
谷口高士（2002）.「音楽と感情」高橋雅延・谷口高士（編著）『感情と心理学——発達・生理・認知・社会・臨床の接点と新展開——』(pp. 122-139).北大路書房.
戸田鉄也・平野勝也（2007）.「商店街における空き店舗の認知特性」『土木学会論文集 D』63（３），426-434.
富川道彦・尾田政臣（2009）.「単純な動きを示す対象図形の感情推定」『映像情報メディア学会技術報告』，33（17），１-４.
利光功（1985）.「美的範疇としてのピクチャレスク」『美学』36（２），１-12.
Trudel, R. & Argo, J. J.（2013）. The effect of product size and form distortion on consumer recycling behavior. *Journal of Consumer Research*, 40（４）, 632-643.
津上英輔（2008）.「感性的営為としての旅——観光美学の構築に向けて——」『美学』59（１），２-14.
津上英輔（2010）.『あじわいの構造——感性化時代の美学——』春秋社.
都築誉史（2010）.「知識の表象と構造——認知のアーキテクチャを探る——」箱田裕司・都築誉史・川畑秀明・萩原茂『認知心理学』(pp. 191-216). 有斐閣.
上田彩子（2016）.「顔認知」新美亮輔・上田彩子・横澤一彦『オブジェクト認知——統合された表象と理解——』（シリーズ統合的認知２）(pp. 119-165). 勁草書房.
Ulrich, R. S.（1979）. Visual landscapes and psychological well-being. *Landscape Research*, ４（１）, 17-23.

VandenBos, G. R.（Editor in Chief）(2007). *APA dictionary of psychology.* Washington, D. C.: American Psychological Association（APA）.（ファンデンボソス，G. R.（監修），繁桝算男・四本裕子（監訳）(2013).『APA 心理学大辞典』培風館.

Wagner, J.（1999）. Aesthetic value: Beauty in art and fashion. In M. B. Holbrook（Ed.）, *Consumer value: A framework for analysis and research*（pp. 126–146）. London and New York: Routledge.

渡辺明義（編），文化庁・東京国立博物館・京都国立博物館・奈良国立博物館（監修）(1976).『瀟湘八景図』（日本の美術 第124号）至文堂.

渡部潤一（2007).「秋の日が，“つるべ落とし”のわけは？」（星空の不思議Q&A）『Newton』27（11），p. 128.

渡辺正孝（1994).『記憶の変容』，重野純（編）『キーワードコレクション心理学』（pp. 184–187）新曜社.

和辻哲郎（1962).「『もののあはれ』について」「日本精神史研究」安倍能成・天野貞祐・谷川撤三・金子武蔵・古川哲史・中村元（編）『和哲郎全集』第四巻（pp. 144–155）岩波書店.（初出1922）

Whitfield, T. W. & de Destefani, L. R.（2011）. Mundane aesthetics. *Psychology of Aesthetics, Creativity, and the Arts,* 5（3）, 291–299.

Wildschut, T, Sedikides, C., Arndt, J., & Routledge, C.（2006）. Nostalgia: Content, triggers, functions. *Journal of Personality and Social Psychology,* 91（5）, 975–993.

Wordsworth, W. & Coleridge, S. T.（1965）. Lyrical ballads. London: Methuen & Co.（First published 1800）（ワーズワス・コールリジ（著）・宮下忠二（訳）(1984)『ワーズワス　コールリッジ　抒情歌謡集』大修館書店.

Wundt, W.（2017）. *Grundzüge der physiologischen Psychologie,* Zweiter Band. London, U. K.: FB & c.（Reproduction of fifth edition, 1902）（First published 1874）

山田眞裕（2016).「香道への誘い」東慶寺体験香道配布資料.

山田覚・師岡孝次（1988).「環境がおよぼすVDT作業への影響——照度の効果について——」『人間工学』24（4），209–217.

山田忠雄・柴田武・酒井憲二・倉持保男・山田明雄（編）(2005).『新明解

国語辞典』（第 6 版）三省堂.
山口敬太・出村嘉史・川崎雅史・樋口忠彦（2010).「近世の紀行文にみる嵯峨野における風景の重層性に関する研究」『土木学会論文集 D』66（1），14–26.
山口真美（2004).「顔パターン認識の特殊性とその成立過程」『映像情報メディア学会誌』58（12），37–42.
八代修次（1972).「ジョン・コンスタブル」，マルチニ，A.・富永惣一（監修）．八代修次（解説）『ファブリ世界名画集　85　コンスタブル』平凡社.
Yin, R. K. (1969). Looking at upside-down faces, *Journal of Experimental Psychology*, 81（1）, 141–145.
読売新聞社（編）(2014).『こころの風景2014――よみうり風景写真コンテストより――』中央公論新社.